es 1065

edition suhrkamp

Neue Folge Band 65

»Die meisten Erklärungen, die dieser Text nötig haben mag, stehen in seinen ersten Kapiteln. Er entspricht nur zum geringeren Teil der Gastvorlesung für Poetik, die ich im Januar/Februar 1980 an der Frankfurter Universität gehalten habe. Was hier steht, ist in der Hauptsache meine Rechenschaft von den Folgen jener Gastvorlesungen für andere und für mich, also ein Bericht über die Fortsetzung des Prozesses, den ich dem Thema »Literatur als Therapie?« gemacht habe, und das Thema mir.

Daß es unerschöpflich ist, muß ich nicht rechtfertigen. Schon eher, daß das Sieb, mit dem ich geschöpft habe, wie ein systematisches Werkzeug aussieht. Der erste Teil bis Ziffer 25 setzt sich mit Therapie-Erwartungen auseinander, die heute bei Schreibern und Lesern in der Luft liegen. Ziffern 26 bis 41 berichten aus der Vorgeschichte meiner eigenen Schreib- und Therapiebedürftigkeit. Der dritte Teil probiert einen historisch-anthropologischen Zugang zum Thema aus und ist, weil man sich dabei nur übernehmen kann, der feierlichste geworden, aber auch, um Konsequenz bemüht, der am wenigsten konsequente.

Daß das Thema Gründe hat, einer zusammenhängenden Behandlung zu spotten, habe ich immer deutlicher gespürt und wünschte, ich hätte noch mehr Mut zu Aus- und Abschweifungen gehabt. Ich stelle mir Leser vor, die die Überschriften als Wegweiser im Dickicht verstehen und ihre Komik ebenso freundschaftlich deuten wie mein Ordnungsbedürfnis.« (Aus der Vorbemerkung des Verfassers)

Adolf Muschg

Literatur als Therapie?

Ein Exkurs
über das Heilsame und das Unheilbare

Frankfurter Vorlesungen

Suhrkamp

Foto: Isolde Ohlbaum

edition suhrkamp 1065
Neue Folge Band 65

Erstausgabe
Erste Auflage 1981

Satz: LibroSatz, Kriftel
Druck: Nomos Verlagsgesellschaft, Baden-Baden
Umschlagentwurf: Willy Fleckhaus
Printed in Germany

7 8 9 10 11 – 94 93

Inhalt

Für Wolf Büntig

Die meisten Erklärungen, die dieser Text nötig haben mag, stehen in seinen ersten Kapiteln. Er entspricht nur zum geringeren Teil der Gastvorlesung für Poetik, die ich im Januar/Februar 1980 an der Frankfurter Universität gehalten habe. Diese Teile sind durch Anführungsstriche gekennzeichnet, soweit ich sie aus meinen Notizen rekonstruieren konnte. Was hier steht, ist in der Hauptsache meine Rechenschaft von den Folgen jener Gastvorlesungen für andere und für mich, also ein Bericht über die Fortsetzung des Prozesses, den ich dem Thema »Literatur als Therapie?« gemacht habe, und das Thema mir. Die Streitsache sollte jetzt deutlicher geworden sein, obwohl die eine oder andere Anekdote fallen und der eher rednerische Stil einem eher schriftlichen Platz machen mußte. Auch dieser Punkt gehört zu meinem Problem.

Daß es unerschöpflich ist, muß ich nicht rechtfertigen. Schon eher, daß das Sieb, mit dem ich geschöpft habe, wie ein systematisches Werkzeug aussieht. Der erste Teil bis Ziffer 25 setzt sich mit Therapie-Erwartungen auseinander, die heute bei Schreibern und Lesern in der Luft liegen. Ziffern 26 bis 41 berichten aus der Vorgeschichte meiner eigenen Schreib- und Therapiebedürftigkeit. Der dritte Teil probiert einen historisch-anthropologischen Zugang zum Thema aus und ist, weil man sich dabei nur übernehmen kann, der feierlichste geworden, aber auch, um Konsequenz bemüht, der am wenigsten konsequente.

Daß das Thema Gründe hat, einer zusammenhängenden Behandlung zu spotten, habe ich immer deutlicher gespürt und wünschte, ich hätte noch mehr Mut zu Aus- und Abschweifungen gehabt. Ich stelle mir Leser vor, die die Überschriften als Wegweiser im Dickicht verstehen und ihre Komik ebenso freundschaftlich deuten wie mein Ordnungsbedürfnis. Sie werden schon merken, welche der angezeigten Richtungen ich nur mit dem Kopf gegangen bin. Die Ich-Form, die überall durchscheint, wäre ohnehin durch keinen höheren Anspruch zu decken als den für mich immer noch ungewohnten Wunsch, dem Leser im Klartext zu sagen, daß ich nicht nur seine Mitarbeit brauche, sondern sein Mitgefühl.

I

Warum schreiben Sie? Jeder vorlesende Schriftsteller hat diese Frage im Ohr und weiß, wie sehr sie in den letzten zehn Jahren den Ton verändert hat. Inquisitorisch war sie damals, Herausforderung und Verhör. Der Frager hatte den jüngeren Teil des Publikums auf seiner Seite und weidete sich an der Entrüstung der Älteren; eigentlich hatte er gar keine Frage gestellt. Er wußte die Antwort bereits; er war gekommen, Ahnungslose zu überführen, sein Ärger an der Literatur war demonstrativ, also auch ein wenig vorgeschützt. Eigentlich genoß er es, einen schöngeistigen Anlaß zur Belehrung zu verwenden. Wozu war diese Literatur gut, vor allem: *wem* nützte sie? Die Frage nach dem richtigen Bewußtsein war immer auch eine nach dem hinreichend schlechten Gewissen des Dichters.

Bei mir ist diese Rechnung meist aufgegangen. Patzige Antworten fallen mir immer noch schwer, auch wenn man die Lacher heute wieder auf seiner Seite hat. Warum? darum! Oder: warum fragen Sie sowas Ihren Klempner nie? Oder: weil ich Geld brauche! Mein schlechtes Gewissen ist mir treu geblieben, über die Stunde des richtigen Bewußtseins hinaus. Wenn ich einem seiner Vertreter begegne, melden sich eher Schutzreflexe. Ich nehme ihn, auch ein bißchen demonstrativ, ernst, wir sehen einander heimlich gerührt an: als wüßten wir noch, worüber wir streiten; w i r wenigstens wissen es noch. In Wirklichkeit wissen wir nur noch, daß dieser Streit damals seine Mühe wert schien, auch wenn er oft genug nur peinlich und vernagelt war; es war etwas Absichtliches an diesem Streit um Literatur und/oder Engagement, beiderseits. In unserem Mißverständnis waren wir immer noch Komplizen. Der Erwartung, mit Literatur lasse sich die Gesellschaft verändern, lag immerhin eine geradezu maßlose Wertschätzung der Literatur zugrunde, an der sich der Dichter heimlich wärmen konnte, auch wenn er natürlich – als Dichter – nicht genügte. Auch dieses Ungenügen war summarisch. Wir brauchten, bei einem so fabelhaften General-Vorbehalt, über literarischen Wert nicht erst zu streiten. Anderseits: wer in den sechziger Jahren schrieb, sich noch immer mit Schreiben aufhielt, wußte ebensogut wie sein Kritiker, wie viel gegen diese abgeschiedene Tätigkeit sprach, wieviel Energie er dringenderen Verrichtungen damit entzog. Er war empfindlich gegen den Vorwurf, bestenfalls zu unterhalten und nicht aufzuklären. Er respektierte den politischen Verdacht, der ihn verfolgte, weil er im Kern einen ethischen Vorwurf enthielt: wie hältst du's mit der Solidarität?

Warum schreibe ich? Habe ich wirklich nichts Besseres zu tun? Einmal habe ich gesagt: ich schriebe, um zu leben. Ist das wahr?

Ich möchte es wissen; auf die Gefahr hin, daß sich dabei in der Tat mein schlechtes Gewissen zeigt; ein anderes, dem 68er schlechten Gewissen, dessen ich mich gern bedient habe, nur entfernt verwandt. Ich schreibe; ich meine es nötig zu haben. Um zu leben? Oder: um mich erfolgreich am Leben zu hindern? Wenn erfolgreich: was bedeutet dieser Erfolg für mich? Welche Beweiskraft hat er für andere? Hat die Notwendigkeit des Schreibens, wenn es denn eine ist, etwas mit dem Wenden von Not zu tun, zuerst bei mir selbst?

Das waren die Fragen, die ich im Januar/Februar 1980 nach Frankfurt mitbrachte, als Gastdozent für Poetik. Dieses Buch ist ein einziger Beweis, daß ich mit ihnen nicht fertig geworden bin. Das ist mir – milde gesagt – unangenehm. Ich war mit einem fertigen Konzept und einem weitgehend ausformulierten Manuskript nach Frankfurt gekommen; es ist wohl kein Zufall (aber auch keine Metapher), daß es mir verloren gegangen ist; in einem TEE, einer Kneipe, oder im eigenen Haus einfach, aber gründlich, verlegt. Was ich hier, anderthalb Jahre später, bei Suhrkamp öffentlich »verlege«, ist also nur noch Erinnerung an eine verlorene Fertigkeit.

2

Frankfurt, Frühjahr 1980: die Gastdozentur für Poetik hatte ein paar Jahre – »die Jahre, die ihr kennt« – geruht. In den Fünfzigerjahren war sie so etwas wie ein Zeichen gewesen, daß die Hochschule – vor allem: die akademische Germanistik – sich der *lebendigen* Literatur öffnen, *Praxis* werden wollte. Zu diesem Zweck verschrieb man sich praktizierende Literaten und versprach sich von ihnen einen Blick in die sogenannte Werkstatt. Das Allerheiligste war sie längst nicht mehr, aber ein Gerüchlein von Weihe und Sinngebung hing noch immer dran: die Erwartung, näher bei der Sache selbst zu sein, zu der ein Dichter doch wohl eigentlicher sprechen könne als ein Literaturprofessor. Diese sinn-suchende Erwartung war noch an den Werten der Adenauer-Zeit erzogen, auch wenn sie sich polemisch gegen sie richtete. Gerade von den Dichtern, die zählten, erwartete man damals Widerstand gegen die Fiktionen der Heilen Welt und die Neurosen des Kalten Kriegs. Aber das Fingieren selbst war noch unbedenklich, es war ein legitimer Ausfluß der Existenz, eine *andere*, aber erlaubte, ja notwendige Freiheit; die Frankfurter Poetik wurde mitgeschrieben von Studenten, die den Dichtern abnahmen, auch die Dichtung bedürfe sozialer Kritik.

Und 1980? Seit einigen Jahren durfte ja, wie man den Verlagsprospekten entnahm, wieder erzählt werden. Vor mir hatte Uwe Johnson, mit sachdienlicher Verfolgung des Persönlichsten, die Anlässe seiner Arbeit ausgedeutet. Die Schreibklause durfte sich wieder zeigen, es ging sogar eine neue Bescheidenheit um, das Gefühl, daß jedes Wort, das nicht zum Metier gehörte, sich verbot. Keiner, der vorn am Pult stand, brauchte jetzt das Schimpfwort »Dichter« zu fürchten, wenn er von nichts als der Mühe redete, Kunst herzustellen aus seiner Person. Stillschweigend oder kleinlaut war man auf das Todesurteil der Literatur zurückgekommen. Was man als gesellschaftliche Arbeit hatte ausgeben wollen, hatte sich ja als Fiktion erwiesen – so weit, daß sich daneben die schöne Literatur wie der reine Realismus ausnahm. Diese Literatur arbeitete mit Verzweiflung – die Reformer hatten sie noch entdecken müssen. Die Zwänge der spätkapitalistischen Gesellschaft hatten sich nicht beugen wollen unter der Stimmigkeit ihrer Kritik; sie nahmen den Kritikern nur die Freude an sich selbst. Die Theorie, mit der man die Entfremdung produzierenden Maschinen gestürmt hatte, nahm selbst mechanische Züge an; sie entfernte den Kritiker von Bedürfnissen, die er insgeheim als »wahrer« empfand und die er als Vietnam-Demonstrant hatte verleugnen müssen. Zu den Opfern, für die er zu sprechen meinte, gehörte er selbst. Die Revolte drohte die Spontaneität ihrer Kinder aufzufressen, die Reflexion die menschlichen Reflexe zu lähmen; diese Selbstzerstörung »Vernunft« zu nennen, fiel dem Bewußtsein immer schwerer. Immer klarer erlebte es das Leid, dem es hatte steuern wollen, als sein eigenes, ja selbsterzeugtes. Aus der unbewältigten Vergangenheit der Eltern kroch unter heftigen Wehen die eigene unbewältigte Gegenwart hervor. Die Frage: wie habt ihr das *damals* tun können? verblaßte neben der schmerzhafteren: was tu ich mir *jetzt* an? Und sie machte vor der Linken nicht Halt; ja, es wurde d i e Frage der älter gewordenen »neuen« Linken. Auf dem Marsch durch die Institutionen, die sich als so viel unbiegsamer erwiesen hatten als die Marschierer, ging, mit dem guten politischen Gewissen, der Glaube an so etwas wie Fortschritt überhaupt verloren. Es gab plötzlich etwas Dringenderes wahrzunehmen: die Chance, vielleicht schon die letzte, für eigene Entwicklung. Für alle, die nicht aussteigen wollten oder konnten – und wer von den Institutionen zugerichtet wird, kann es meist nicht mehr wollen –, wurde die Nische überlebenswichtig, der schmale, immer bedrohte Freiraum, an dem man für das persönliche Leben, die adäquate Beziehung kämpfen – und einmal nicht n u r kämpfen – wollte.

3

Ich gehöre zu dieser zugleich privilegierten und mit dem eigenen Bad ausgeschütteten Generation und habe in Frankfurt zu Leuten meines Alters gesprochen oder wenig Jüngeren, die das Scheitern einer öffentlichen Hoffnung als persönliche Krise erfahren haben; die mit dem Verdacht leben müssen – und in »geordneten« Verhältnissen nicht besser damit leben –, daß jene Hoffnung schon in ihrer guten Zeit Ausdruck mangelhaften Selbstverständnisses gewesen sein könnte. Wer nach 68 vierzig oder fünfzig Jahre alt geworden ist, tut sich schwer damit, Bewußtsein abzulösen durch Gefühl; denn dieses Gefühl hat sich lange von einem Bewußtsein leiten lassen, das nicht falsch gewesen sein will, nur weil es getrogen hat. Es war nicht im Unrecht, wenn es gegen Unrecht revoltierte, und doch hat es dabei Unrecht getan – nicht, jedenfalls nicht zuerst dem wahren oder eingebildeten Klassenfeind, sondern dem revoltierenden Subjekt selbst. Den Betrug durch Herrschaft einklagend, hat es sich um zu viel betrügen müssen: viel Freundlichkeit, Toleranz, Humor, Genuß der Gegenwart und alltägliche Güte. Das fehlt ihm jetzt; daß immer noch unvergleichlich mehr zum allgemeinen Glück fehlt, ist kein Trost. Der Spät-68er muß mit dem Vorwurf leben, angesichts unerfüllter Menschheitsbedürfnisse das eigene Bedürfnis nicht ernst genommen zu haben; das ist nichts Kleines mehr. Das Gewicht solcher Verluste nimmt zu, wenn die persönliche Lebenserwartung abnimmt: dann verbietet es die Redlichkeit, im Namen anderer zu sprechen, und wär's in bester Absicht; dann meldet sich das Bedürfnis nach dem *eigenen* Ausdruck, dem Selbst, das ich verantworten kann. Dann wird es nötig, daß *ich* mit mir leben lerne, bevor ich sterbe.

Der Titel »Literatur als Therapie«, den ich meiner Frankfurter Vorlesung gegeben habe, war auf diese Erfahrung, diese Generation gemünzt. Sie ist in den fünfziger Jahren mit der »schön« genannten Literatur aufgewachsen, bevor ihr diese in den sechziger Jahren verdächtig wurde; jetzt kann sie, von ihrer Geschichte weniger belehrt als geschlagen, damit *beginnen*, von der

Literatur wieder etwas zu erwarten; nichts Großes oder Gewaltiges, etwas immerhin, das mit dem Bedürfnis nach der eigenen, schwierig gewordenen Lebensgestaltung zu tun hat. Es lag mir daran, die Hinwendung zur Literatur vom Odium der Flucht und des Verrats zu befreien, ihr womöglich den Sinn des Standhaltens zu geben. Im Lob der literarischen Einzelheit (und was wäre Literatur, wenn nicht beglaubigte Einzelheit) verbarg sich der Wunsch, den Vereinzelten der 68er Generation die Widerstandsfähigkeit, die Tragweite einer bestimmten Art von *Arbeit* zu suggerieren – einer Arbeit n a c h einem Stück verpatzter Geschichte und Lebensgeschichte; einer wo nicht sinn-gebenden, so doch sinnlichen Arbeit. Ihre Zweideutigkeit war nicht zu verschleiern, sondern zu begründen – nachdem die *andere* Zweideutigkeit dessen, was wir so lange »Engagement« genannnt hatten, für viele von uns nicht mehr zu rechtfertigen und nicht mehr zu ertragen war. Literatur als Therapie – damit war *diese* Arbeit, also unvermeidlich: Trauerarbeit gemeint. Der Überbau »gesellschaftlichen« Bewußtseins, mit dem meine Generation ihr persönliches Sein so erfolgreich zugedeckt hatte, sollte zumindest ein wenig durchsichtig werden. In diesem Sinne traute ich der Literatur in der Tat eine therapeutische Wirkung zu, auch wenn sie gegen die erdrückende Erwartung der »Lebenshilfe« in Schutz zu nehmen war.

Freilich: so unehrlich, wie ich mir lange eingeredet habe, finde ich jenes verspottete Wort nicht mehr. Ich nehme mir aus der Literatur anderer, was ich brauchen kann; ich freue mich, wenn Leser in meinen Büchern etwas für sich finden. Lebenshilfe? Wenn damit ein Rezept gemeint ist, hat es das Kunstwerk ohnehin nicht zu bieten – jedenfalls nicht *als* Kunstwerk. Rezepte, Ideen,

Grundsätze helfen nicht zum Leben, sie helfen nur Leben *ersparen*. Aber das gilt nicht nur in Kunst und Literatur, es gilt auch für jede Therapie, die ihren Namen verdient. Wer *lesen* kann (und will), darf sich von dieser Mühe wohl ein Stück Freiheit versprechen, Bewegungsfreiheit der Phantasie, er/sie holt sich bei den Dichtern Mut und Anreiz, anders, also: mehr er/sie selbst zu sein – Hilfe zur Selbsthilfe.

Daß diese Erwartung als Treuherzigkeit mißverstanden wurde, brauchte ich bei meiner eigenen Generation nicht zu befürchten. Sie hatte das Unmittelbarkeitsverbot noch gut, zu gut im Ohr, das zu Adornos großer Zeit im Auditorium VI verkündet worden war. Sie hatte gebüßt für den Tort, den sie dieser Vaterfigur an ihrem Katheder angetan hatte, mit nacktem Busen und Plastikteddy. Die Gebildeten unter ihren Verächtern verachteten die literarische Bildung nicht mehr: die Gefahr war nun eher, daß sie sich von ihr zu viel erhofften.

»Es gehört zu den Versäumnissen der Neuen Linken, daß sie sich blind machte für das systemüberwindende Potential im Charakter der ›schönen‹ Künste; daß sie diesen Charakter der Fluchthilfe verdächtigte und über die treibende Kraft, die in der ›privaten‹ Wurzel dieser Künste steckte, hinwegsah. Die Dunkelheit des Einzelfalls, mit dem es die Kunst zu tun hat, ist kein Werk der Verdrängung, im Gegenteil: sie macht Verdrängtes sichtbar, ihre Form erlaubt ihr Aufklärung auch unter schwerstem Druck. Der dogmatische Zug, der die Linke in der Bundesrepublik auszeichnete, suggerierte ihr den Feind, wo er nicht stand, gab ihr falsche Alternativen zu kurzschlüssigen Gleichungen ein. Indem man die Kunst mit dem bloß Innerlichen, das Private mit dem gesellschaftlich Sterilen zusammenwarf und das ganze Paket dankend dem Klassenfeind überließ, betrieb man seine eigene Entwaffnung. Die Folge war, daß man durchaus notwendige, politisch notwendige Revisionen der linken Perspektive als ›bürgerlich‹ und ›privat‹ denunzieren mußte. Die Linke hat es sich selbst zuzuschreiben, wenn eine neue ›Privatliteratur‹ ihre Prämissen ins Unrecht setzte. Es war voreilig, hier nur eine neue Warenästhetik am Werk zu sehen und die Erfahrungen zu verallgemeinern, die man selbst mit dem Markt gemacht hatte, als man ihn noch beinahe zu beherrschen glaubte. Es ist nicht alles Schein an den Bedürfnissen, die er bedient – und nicht alles, was Schein ist, ist schon Verrat.«

4

Diese Sätze, die ich in Rowohlts »Literaturmagazin« deponiert hatte, konnten 1977 noch beinahe als mutig gelten. 1980 in Frankfurt war sogar das Pfiffige daran überholt, geschenkt, was meine Altersgenossen betraf. Viele von ihnen waren, als Therapeuten oder Therapierte, schon fast hauptberuflich mit der privaten Revision ihrer summarisch gewesenen Freiheitserwartung beschäftigt. Auch die Ehrenrettung der Literatur: eine weit offene Tür; sie waren ja gerade gekommen, um die Erfahrung des Schriftstellers für ihre Selbsterfahrung zu nutzen. Viele schrieben selbst, die literarische Bußhandlung war Teil des Prozesses, den sie ihrem Leben machten. »Literatur als Therapie?« – ich hatte dazu den Eindruck, daß sie das Fragezeichen, das ich dazu gesetzt hatte, als didaktische Formalität betrachteten. Aber da saßen noch andere:

Die Frankfurter Studenten, zwanzig Jahre jünger als ich, hörten sich unsere 68er-Sorgen geduldig an, aber sie hatten sie nicht. Mir lag die geläufige Klage noch im Ohr, die damals in gebildeten Medien geführt wurde: diese Jugend sei an die Drohungen des Numerus Clausus bis zur (stillen) Verzweiflung angepaßt; sie lese nicht und wisse sich nicht auszudrücken. Der Rückzug aus politischen Erwartungen sei für sie mit keinerlei Pathos verbunden, er sei eine deprimierende Selbstverständlichkeit. An der frisch geweißten Wand des Auditoriums waren über Nacht ein paar Nonsens-Parolen gesprayt: auf diese Schwundstufe, schien es, war die Revolte, die Welt unserer Parolen, heruntergekommen.

Die Zusammenarbeit im Schreibseminar stimmte mein Vorurteil freundlicher, aber entkräftete es nicht. Die Studenten, von »hoher« Literatur offenbar wenig berührt, gaben auch kein Leiden an ihr zu erkennen. Wer sich zunftgerecht produzierte, schien sie weniger einzuschüchtern als zu belästigen. Sie waren zwar gekommen, um sich auszudrücken. Auf das Wie kam es ihnen sehr an – aber weniger auf die formale Eigenschaft der Texte als auf die Art der Präsentation: wie einer seinen Text t r u g – und wie er davon abwich, was er darum herum sagte. Ihre Aufmerksamkeit galt dem szenischen Gestus und dem sozialen Verhalten; auf das Niveau der Zeile ließ sie sich nicht lange zusammendrücken. Ungeduld gegen Wörter ohne Körperbegleitung, gegen das Verbale überhaupt (wie anders 68!); Geduld, ja Einverständnis mit den Stammelnden und Ungeschickten. Sprachschwierigkeiten waren schon fast eine Empfehlung, eine Beglaubigung dessen, was »hinter dem Text« stand; der wurde eher als Vorwand behandelt, um etwas, möglichst: sich selbst »einzubringen«. Klassenbeste hatten keine Chance; Störungen waren immer willkommen. »Lesen« à la Gutenberg mochten die nicht gelernt haben, aber ihre soziale Aufmerksamkeit war subtiler und unverschämter als in den Seminarien meiner eigenen Studienzeit. Eigentlich funktionierten diese fünfzig Leute, happening-lustig und voller Bewegung, wie eine Encounter-Gruppe. Dabei wurde mir sehr bewußt, daß ich kein Therapeut war – oder einfach kein hinreichend freier Seminarteilnehmer, ungeübt, mich lernend und lehrreich zu belustigen. Es war allenfalls unfreiwillig komisch, wenn ich an einem Text *hing*, darauf bestand, ihn für mich transparent zu machen, es störte deutlich, manchmal sogar den Verfasser des Textes – er wollte den ja nicht als Kunst verstehen. Sondern als Angebot. Wozu? Das allzeit bereite Wort Kommunikation schien mir zu schwach für das, was gesucht war. Berührung? Markierung von Anwesenheit, Lebenszeichen? Wer angesichts solcher Einladungen auf so etwas wie »Kunstcharakter« bestand, verdarb den Spielfluß – was komisch war, wenn er davon geredet hatte, wir wollten diese Arbeit als Spiel verstehen. Er war »daneben«. Ich war oft daneben. Ich war es nicht gewohnt, daß nicht die Literatur das Problem war, sondern meine Rolle.

Dieser Unterricht war also kein Stierkampf mehr – wer trifft wen? –, die Wahrheit stand nicht mehr auf Degens Spitze, will sagen: der Pointenfähigkeit des Seminar-Matadors. Aber auch wenn ich die Zeichen nicht als gegen mich gerichtet empfand – l e s e n konnte ich sie damals nicht. Ich sah den schwarzen Vogel der Taschenbuchausgabe von »Mars« auf vielen Pulten und vermutete, daß ich meinem Vorwort zu diesem Buch das Interesse der jüngeren Anwesenden verdankte. Wie fundamental, ja aggressiv dieses Interesse war, wußten sie mir im Frühjahr 1980 erfolgreich hinter literarischer Unschuld zu verbergen. Im Herbst 1980 war es nicht mehr verborgen. Was man damals immer noch erstaunt die Zürcher Jugendunruhe nannte, zog seinen Impetus nicht aus unbewältigten linken Hoffnungen – diese hielt man so gut für Packeis wie den Polizei-Staat, nicht einmal wert, *abgeschrieben* zu werden. Die Therapie-Erwartung der Jungen war nicht diejenige enttäuschter Intellektueller. Sie kämpften um kein besseres Konzept mehr, sondern um ihr Leben – daß sie es, schon im Frankfurter Seminar, so wenig zünftig, gar nicht organisiert taten, täuschte nicht nur mich über ihren Ernst. Aber sie waren auch gar nicht mehr ernst. Hier saßen keine konstruktiv oder destruktiv eifrigen Bürgersöhne und -töchter mehr, die eine *andere* Zukunft im Sinne hatten und denen diese Zukunft gehörte. Hier saßen Kinder einer globalen Depression, die keine Zukunft mehr vor sich sahen oder spürten. Die »Zürcher« »Jugend«-Unruhe saß schon in Frankfurt mit mir am Seminartisch; sie warf noch keine Steine, sie wirkte ganz locker in ihrer Invalidität, die man als literarischen Analphabethismus mißverstehen konnte. Worauf warteten sie, was erwarteten sie von mir?

5

Ich weiß es auch heute nicht. Aber der Punkt ist bezeichnet, an dem ich meine Frankfurter Vorlesungen, auch wo sie »ankamen«, seither entkräftet finde. Positiv: das Thema war wieder weit offen, ich sah keine Chance mehr, damit zu Ende zu kommen, ich mußte sie umschreiben und manche damals glückliche Formulierung vergessen. Daß diese Ratlosigkeit *meine* Chance zu mehr Wachstum und Offenheit gewesen sei, wäre eher schön als wahr geredet. Ich habe in meinem Leben an keiner Arbeit gewürgt wie an dieser. Wer mich in Frankfurt gehört hat, wird hier nicht dasselbe lesen – und doch auch nichts ganz Neues. Keine revidierte Arbeit, nur eine beirrte, Ausdruck einer Krise, aber keiner Entscheidung. Es hilft nichts: ich hafte an *meinem* Dilemma zwischen Literatur und Therapie, das hoffentlich – hoffentlich? – zugleich dasjenige meiner Generation ist; einer Generation, die die Literatur *nötig* hatte bis zum gebildeten Feinsinn – und sie für ihr Leben doch nicht gebrauchen konnte; die sich darum, vielleicht zu großartig (wie es die Art der gekränkten Narzisse ist), zum Lob der Unbrauchbarkeit von Literatur hinreißen ließ, auf dieser Unbrauchbarkeit gegen die politischen und erbaulichen Gebrauch-Macher mit Schärfe bestand – *wieder* bestand. Und sich doch nicht verbarg, wo diese Schärfe herkam: aus dem Unrecht, das man damit einer *andern* Hoffnung antat: einem politisch verkleideten, am Ende nackten Bedürfnis nach Unmittelbarkeit. Diesen Berührungswunsch hatte man in Adornos großem Namen verleugnen gelernt – »Vermittlung« hieß diese Kunst, und zu ihrer Beherrschung war alle mögliche dialektische Askese nötig gewesen, ein höchst gewundener Lust-Gewinn, den man dem Kunstwerk in seiner Vereinzelung gutschrieb; vereinzelt war man auch selbst. Aber wie hätte man bestreiten wollen, daß bei dieser Goldmacherkunst die Bäuche zu hungern fortfuhren; daß die arme Seele jenseits ihres obszönen Kunstverstands Berührung und Geborgenheit suchte, eine minder verstellte *Praxis* der Humanität? Literatur als Therapie? Meine Generation der alphabetisierten Dreißig- und Vierzigjährigen ist zugleich die Generation, die Analysen macht und in Therapiegruppen geht – sie hat's nicht nur nötig, sie kann's auch bezahlen. Sie hat sich mit ihrem Kopf die Qualifikation erworben, die sie jetzt dem Bauch abbitten muß: wir wollen unsere Haut retten und pflegen, heil werden (das Wort darf wieder dastehn), aber fein bleiben, wollen Therapie und Literatur. Wie praktisch, wenn der Literatur selbst ein Stück Therapie abzugewinnen wäre – sie brauchte deswegen nicht gleich die Droge zu sein, als welche sie uns einst im Mai 68 erschienen war (gegen niemand hatten Autoren ihren Klassenkampf forscher geführt als gegen Autoren). Zum Widerruf bereit, wollten wir in der Flucht zur Literatur wenigstens nicht die *Ausflucht* sehen; aber etwas Trost hätte schon sein dürfen, wir können ihn brauchen.

Höhne ich? Ich versetze mich nur in die zwanzig Jahre Jüngeren. Ihnen müssen die Probleme meiner Generation wie ein prätentiöser Luxus erscheinen, den sie sich mit ihrer sogenannten Sprachlosigkeit vom Leib halten; und weil sie nicht ganz unsere Probleme hatten, hielten wir sie für nicht ganz problemfähig. ›Warum glaubst du's eigentlich nicht – wir sind kaputt!‹, hatte ein Mädchen nach dem Seminar in der Kneipe gesagt – sie war sehr laut, wollte stören, und nur weil sie dazu lächelte, dachte unsereins, daß sie kaputt spiele. Das tat sie auch, natürlich, mit schwarzem Spaß. Ich hatte in der Vorlesung eben noch Heine (zustimmend) zitiert: »Ich hab mit dem Tod in der eignen Brust / Den sterbenden Fechter gespielt« – und erkannte dieses Spiel nicht wieder, wenn es mir bei dieser jungen Frau begegnete. Daß sie ihren »Zorn« – Fritz Zorn – auf dem Tisch liegen hatte, hielt ich für Wehleiden und Handlungsverzicht.

Ein Jahr später staune ich, was ich in Frankfurt alles nicht gehört habe im Schweigen, Stammeln oder Blödeln, dem das Thema bei den Jüngern begegnete. Ihre Frage: wie retten wir unser Leben? galt nicht nur spektakulären Katastrophen – A-Werken, Neutronenbomben, Arbeitslosigkeit –, sondern der Katastrophe des betonierten Alltags; der konkreten Wohnungsnot, der Einsamkeit an der Schule, der Isolation in der sogenannten Freizeit. Das sorgfältig buchstabierte Thema meiner Vorlesung – Literatur als Therapie? – war für sie keine Lösung, eher Teil des Problems. Die Frankfurter Poetik half nicht gegen das Kaputtsein, sie gehörte selbst jenem elaborierten Code an, der einen kaputtmachte; *auch* gegen solche Fragestellungen mußte man sich seines Lebens wehren.

Literatur als Therapie? Dieser Vorlesungstitel bezeichnet eigentlich eine Alternative, der eine andere abhandengekommen ist. Genannt werden, von 68 her gesehen, zwei Rückzugspositionen, die vor wenigen Jahren noch unter Verbot gestanden hatten, das häßliche Wort dazu lautete »privatistisch«. Wir bestärkten einander im Glauben, Therapie erübrige sich, wenn der »Gesellschaft« auf den sozialistischen Sprung geholfen sei; und Literatur – nun ja, Literatur und andere schöne Künste seien unter Genossen entbehrlich, jedenfalls nicht aktuell. Wir wollten uns schließlich nicht die Zeit vertreiben, sondern die Geschichte verändern.

6

Das war die Position, die ich bei meinen Frankfurter Hörern voraussetzte; ich stand nur halb dazu, daß es nicht mehr ganz meine war, obwohl ich damals dazu neigte, das Wort »ehrlich« n u r auf sie anzuwenden. Ich *wollte* ein neuer Linker gewesen sein; ich verbarg mir auch jetzt noch, was schon früher an dieser Positionsmeldung faul gewesen war. Jedenfalls an meinem Zwiespalt, meinem politischen Dilemma hielt ich fest, wie an einem Stück verlorenen Glaubens, das man mit seinem schlechten Gewissen gegen den *ganzen* Verlust schützen möchte. Zu schwer erträglich war der Verdacht, daß Hoffnung u n d Verzweiflung damals k e i n Stück allgemeiner Geschichte, sondern ein Stück m e i n e r Geschichte gewesen sein könnten, daß ich mich des allgemeinen Aufbruchs nur zu gern zu meiner privaten Entlastung bedient hatte. Ich hielt mich an das moralisch *Gebotene* dieses Aufbruchs und verschwieg mir, wie sehr ich darin, selbst darin noch, der verabscheute Musterknabe geblieben war. Auch wenn ich den Lehrmeistern meiner Kindheit damit nicht gefallen hätte, sprang – eben darum – doch ein sozialer Entwicklungsbeweis für mich heraus. Ich wollte, als Linker, das Rechte tun, lernen, endlich ungefällig zu sein; ein solcher Schritt ist dann leicht mit Fortschritt zu verwechseln.

Ich erinnere mich an eine Lehrveranstaltung in Zürich, um 70 etwa, wo ich ETH-Studenten Walter Benjamins »Geschichtsphilosophische Thesen« nahebrachte. Ich bemühte mich, meinen buchfrischen historischen Materialismus in diesem widerspruchsvollen, glänzend gewundenen Stück Rechenschaft aufgehen zu lassen, wenn er nur hätte aufgehen wollen. Da gab es die Beschreibung des »Angelus Novus« von Paul Klee, Benjamins Schutzgeist, dessen Zeichnung jeder Hoffnung zu spotten schien: »Ein Engel ist darauf dargestellt, der aussieht, als wäre er im Begriff, sich von etwas zu entfernen, worauf er starrt«. Und: »Aber ein Sturm weht vom Paradiese her, der sich in seinen Flügeln verfangen hat und so stark ist, daß der Engel sie nicht mehr schließen kann. Dieser Sturm treibt ihn unaufhaltsam in die Zukunft, der er den Rücken kehrt, während der Trümmerhaufen vor ihm zum Himmel wächst. Das, was wir den Fortschritt nennen, ist dieser Sturm.« Unter solchem Vorzeichen hielt es schwer, dem verehrten Autor das Bekenntnis zu Brechts Geschichtsoptimismus nachzusprechen. Aber auch bei mir sprach n u r die Hoffnung, nicht die Erfahrung, nicht das aufrichtige Gefühl für das *Erlaubte* der Zuversicht. Kunst als Therapie? – das war also eigentlich schon lange m e i n e Frage. Zu deutsch: ist mir wenigstens durch Literatur zu helfen, nachdem mir die Hoffnung auf gesellschaftliche Veränderung, an der ich festhalten möchte, n i c h t geholfen hat? In Frankfurt hat man von mir gehört, daß ich diese Frage verneine. Dazu muß ich stehen, auch wenn dieses Nein hier etwas ausgemalt sein will. In Frankfurt habe ich ex cathedra dafür demonstriert. Ich habe viel Zeit und Kraft auf einen Grundsatzentscheid verwendet; das ist ja die Art, durch die ein Dozent verbindlich zu wirken hofft. Ein Jahr danach darf ich mir wohl gestehen, daß ich hauptsächlich von meiner eigenen Geschichte berichtet habe; und daß ich gerade dem *System*, auf das ich sie zu bringen versuchte, keinen Erfolg mehr wünschen kann.

7

Bei dieser Einsicht hat mir die »Jugend«-Bewegung geholfen. Ihre Stärke liegt in jener Theorie-Armut, die unsereiner lange als selbstzerstörerische Schwäche empfunden hatte, der man nach- und aufhelfen müsse. Tatsächlich ist dieses Defizit Ausdruck einer Erfahrung, für die die Bewegung nichts weniger nötig hat als eine Rechtfertigung. Sie erlebt den Feind nicht in diesem oder jenem System, sondern in jedem. Um genauer zu sein: sie erlebt nicht den Feind, sondern den Tod, das Un-leben darin; es fällt ihr nicht ein, sich für ihr Unbehagen die guten Gründe anderswo zu holen als im eigenen Gefühl. Sie weiß ja, daß die geordnete Gesellschaft – oder die linke Analyse – immer die besseren Gründe haben wird, auch für ihr Versagen. Das Aufstörende an der »Bewegung« ist, daß sie anzeigt, wovon Kongresse oder der Club of Rome nur reden: akute Lebensgefahr; und zwar nicht erst als drohende »Perspektive«, sondern als alltägliche Realität. Diejenigen, denen »die Zukunft gehört«, drücken aus: uns fehlt es schon an Gegenwart. In Zürich wollen die Unzufriedenen ihr »autonomes« Jugendzentrum SUBITO – sie weigern sich, mit Erwartung positiv umzugehen, Genuß aufzusparen, mit Zukunft zu rechnen. Die Zukunft, das ist das (trügerische, betrügerische) Versprechen der Andern. Diese Haltung nimmt sich, je nach Optik, wie eine der Zivilisationsverweigerung – denn Zivilisation lebt vom Aufschub der Wunscherfüllung – oder eine des aggressiven Konsums aus. Wer nicht genau zusieht, kann diese Jungen, selbst die Drogensüchtigen, für genuß-süchtig halten – in der Angst vor ihnen ist der Neid nicht zu übersehen. An diesem Vorurteil kann nicht alles falsch sein. Die Tischlein-deck-dich-Welt, die jede Plakatwand vorspiegelt, hat an dieser Jugend die Stelle der Eltern vertreten, die bis zur Unabkömmlichkeit mit der Anschaffung von Kaufkraft beschäftigt waren. Wie sollte der Sprachgebrauch dieser Konsum-Waisen nicht von der Verheißung der Instant Satisfaction geprägt sein. Aber ihre Lebenserwartung ist keine Konsumhaltung; so wenig, daß jene Parolen für bösen Hohn, die Fetische des Lebensstandards für die Zerstörung verfügbar werden. Die Ware ist das Goldene Kalb nicht mehr, dem die Älteren ihre zehn Gebote auf den Leib geschrieben haben. Sie ist bereits durchsichtig auf den Abfall, zu dem sie nach dem Gesetz der Profitrate werden soll. Sie wird – das ist die äußerste Provokation – bereits als Schutt behandelt, ladenfrisch aus dem zertrümmerten Fenster geholt und jenem Prozeß der Vernichtung zugeführt, der für ordentliche Verbraucher immer noch mit Aufstieg und Schöner Leben identisch ist. Diesen Vernichtungsprozeß nicht ökonomisch – als Planned Obsolescence –, sondern plötzlich ablaufen zu lassen, heißt den Schleier der Verheißung von sogenannten Wertstücken reißen. Es ist die böseste Parodie auf das sogenannte wirtschaftliche Verhalten, denn es deckt nicht nur seine selbstverständliche Unmenschlichkeit auf, es entwertet auch die Arbeit, die in diese Konsumgüterherstellung gesteckt wurde. Es demonstriert den Hohn, der von Anfang an darin steckte: die Jugendlichen machen durch die Vernichtung der Fetische zugleich die Selbstvernichtung ihrer immer noch gutgläubigen Produzenten sichtbar, die fortfahren, sich selbst die Herstellung von Trugbildern abzukaufen, und das um den Preis ihres Lebens.

8

Das alles hat die linke Theorie von einst auch ausgesprochen. Aber sie hat es der »Basis« nicht einreden können; sie hat eine Sprache gebraucht, von der sich die Sache nicht erschüttern, geschweige denn bewegen ließ. Die sogenannte Sprachlosigkeit der Unzufriedenen drückt sich stärker aus. Sie greift die Sachen selbst an; sie läßt sie gegen sich selbst zeugen. Die umgekippten Abfallkübel auf der Zürcher Bahnhofstraße demonstrieren ad oculos einen Zusammenhang, den die Schaufenster der Bahnhofstraße leugnen, der aber jedem ihrer Kunden dunkel bewußt ist – den Zusammenhang von Konsum und Selbstbetrug. Sichtbar wird: wir treiben einen Luxus, den wir uns nicht leisten sollen, auch wenn wir ihn (noch) bezahlen können – nicht, weil er in einem andern Teil der Welt zuviel kostet (noch so viel Nord-Süd-Ermahnung macht keinen blinden Wunsch sehend), sondern weil er die tägliche Arbeit, die wir hineinstecken, nicht lohnt; weil er sie verhöhnt. Was ist die Alternative? Wir werfen den Unzufriedenen vor, daß sie keine Alternative zu ihrer Zerstörungslust – oder was wir dafür halten – aufzeigen. Aber wir wissen sehr wohl, warum wir schon den Anfängen möglicher Alternativen wehren und dafür nicht nur die Polizei, sondern gleich den Rechtsstaat aufbieten. Die Leidensgeschichte des Zürcher »Autonomen« Jugendzentrums ist ein Beispiel für andere: die Normalgesellschaft kann den Wahrheitsbeweis zu ihren Ungunsten nicht wollen. Der gefürchtete »rechtsfreie Raum« könnte die Norm ins Unrecht setzen – gewaltfrei und theorielos, nur durch die *Möglichkeit* seiner Existenz. Es *könnte* ganz anders auch gehen – schlimm für unsere Lebensleistung. Damit sie sich gelohnt habe, darf sich die Alternative der Unzufriedenen nicht lohnen. Und die Vermutung ist nicht unbegründet, daß wir heimlich dankbar sind für die Gewalt, die bisher der sichtbarste Teil der Revolte war – der Gewalt darf man bekanntlich nicht weichen. So lange wir sie für den Kern der Sache ausgeben können, brauchen wir die Gewalt nicht so zu spüren, die wir uns selbst antun, indem wir fortfahren zu funktionieren.

Ich meine: die Sprachlosigkeit der »Jugend«-Bewegung – das archaische Zeigen der Sache selbst, auch des nackten Menschen – sei die Chance, daß wir sehend werden für eine gemeinsame Sache von höchster Dringlichkeit; für die revolutionäre, aber vielleicht lebensrettende Einsicht, daß wir Teil der Natur sind, die wir ausbeuten. Der Fortschritt des Kapitals – auch des sozialisierten Kapitals – ging jahrhundertelang aus von der Unerschöpflichkeit der Natur; auf diese setzen wir unser Wachstum noch immer, wenn auch seit geraumer Zeit wider besseres Wissen. Das bessere Wissen genügt nicht, so viel muß als bewiesen gelten. Die Erschöpfung der Natur muß sich an uns selber zeigen – als Naturkraft, die durch hinreichend Erschöpfte zu handeln beginnt, mit der unerläßlichen Rücksichtslosigkeit, die es leid ist, die Natur zu besiegen, und anfängt, sie sprechen zu lassen. Jetzt spricht sie mit jener Primitivität, die der zivilisierte Hochmut sprachlos nennt, dem bösen Ulk, den er vulgär findet. Aber die Zivilisation selbst tut es nicht, auch wenn sie Bücher schreibt, Reden hält und zur Vernunft mahnt. Zu lange ist sie seit Jahrhunderten im Kampf gegen die Natur fett geworden; sie hat sich tendenziell zu ihrem Herrn gemacht – bis auf den Punkt, wo die Technik ihrer Herrschaft die Basis zerstörte, die sie immer besser zu nützen versprach, und die Ausbeuter nicht nur um ihren Nutzen, sondern um den Sinn – die Sinnlichkeit – ihrer Existenz bringt. Bevor sie auch die physischen Grundlagen dieser Existenz vernichtet, müssen wohl die Steine sprechen, denn die Vernunft redet mit gespaltener Zunge. Zu unauflöslich hat sie sich mit jenem Herrschaftsbedürfnis verbunden, es zu lange und findig mit immer besseren Werkzeugen bedient. Die historischen Träger von Aufständen sind zu Komplizen oder Geiseln jenes Fortschritts geworden, an dem sie ihr gerechtes Teil forderten – und haben sich damit unter jenes System geduckt, das die Last des Fortschritts auf die Natur ableitet, als wäre sie tragfähig ohne Grenze. Aus der Unerschöpflichkeit unserer Erfindungskraft haben wir auf diejenige unserer Ressourcen geschlossen – und die Klasse, Gruppe, Organisation war lange nicht in Sicht, die den Trugschluß nicht nur beim Namen nennen, sondern nach ihrer Einsicht *handeln* könnte.

Was jetzt in den Städten Europas aufbricht, ist ein – schwacher – Anfang zur Umkehr. Die »Jungen« mögen nicht wissen, was sie tun; das ist so lange kein Vorwurf, als diejenigen, die wissen, nicht handeln. Die Trägerschaft der Umkehr ist die Verzweiflung – sie gibt zugleich ein Maß dafür ab, wie gering die Hoffnung sein könnte, die uns bleibt. Aber es ist nicht nur die Verzweiflung der Jungen; das *ist* die Hoffnung. Die Jungen sind unbedenklich genug, ein Wachstum, das sich nicht mehr steuern lassen will, wenigstens zu blockieren. Die List der Vernunft hat nicht geholfen; es ist durchaus nicht sicher, ob die Gewalt der Unvernunft hilft. Aber: was sonst? Der Satz, man habe nichts zu verlieren, in der Wohlstandsgesellschaft eine Blasphemie, ist wahr nur im Munde derer, die so schwach sind, im Wohlstand selbst den Verlust zu spüren – und stark genug, sich für dieses

Gespür wie für ihre Haut zu wehren und aus der Verschwörung gegen die Natur, die sie als Lebensbetrug erfahren, auszusteigen. Sie wollen leben. Das ist, gemessen an der Kompliziertheit unserer Verhältnisse, primitiv. Aber gemessen am Wunsch zu leben, ist die Kompliziertheit unserer Verhältnisse unerträglich. Darum hat die Unruhe des Jahres 80, anders als diejenige von 68, einen geheimen Bundesgenossen auch in jedem, der sie unterdrücken möchte. Sie weiß vielleicht nicht, was sie tut und wovon sie spricht, wenn sie »Autonomie« sagt. Aber auch der Unempfindlichste weiß, wovon sie handelt. Autonomie heißt: wir müssen zu uns selbst kommen, damit sich das Leben lohne; ob es jetzt noch zum Überleben reicht, wissen wir nicht.

9

»Schreiben o d e r Literatur« lautet der Titel des Rowohlt-»Literaturmagazins 11«. Ich hatte, neben der Poetik-Vorlesung, ein Schreib-Seminar angekündigt und die Teilnahme von der Abgabe eigener Texte abhängig gemacht. Das war nicht nur eine Begrenzung des Teilnehmerkreises. Ich wollte es wissen: finde ich Leute, denen das Schreiben geholfen hat, deren Texte nicht Literatur zu sein brauchen – wahrscheinlich: nicht »Literatur« sein können –, um befreiend, im weitesten Sinn therapeutisch zu sein; um Nähe herzustellen zum Schreiber, fühlbar für andere, lebenswichtig für ihn/sie selbst? Das Bedürfnis, endlich einmal s i c h auszudrücken, darf man bei Germanistik-Studenten unterstellen – bei den begabten und bei denen, die ihr Ausdrucksbedürfnis mit

Begabung verwechseln. Sie haben die Nähe der bekannten Dichter gesucht, um ihrer eigenen Produktivität näher zu sein. Die Enttäuschung bleibt nicht aus, daß die Einrichtung des Studiums dann diesen Wunsch sabotiert; daß nur Schein-Nähe zugelassen wird für alle Situationen, die akademisch zählen, von der Seminararbeit bis zum Staatsexamen. Von der gesuchten Literatur bleibt dann die literarische Autorität übrig, das Pochen auf die *bedeutende* Dichtung, die für ihre Liebhaber nur Dienerrollen parat hat. Literarische Bildung reduziert sich auf die Fähigkeit, über Dichter und ihre Texte abgesichert mitreden zu können; also auf ihren Einschüchterungswert. Literatur wird dem Studenten zugemutet, aber niemals zugetraut, also eigentlich angetan, als mehr oder weniger subtiles Unrecht an seinem Eigenwert. In der Schule hat er noch Aufsätze geschrieben, ist – wie unzureichend immer – an seinem eigenen Ausdruck gemessen worden; im Studium gibt er seinen Ausdruck an diejenigen ab, die ihn wirklich beherrschen. So wird die Nähe zum Schöpferischen, die ich mir vom Literaturstudium verspreche, am Ende zur Falle: ich muß lernen, den Abstand, der mich von den Dichtern trennt, auch noch gut zu finden, wichtiger als meine Bedürfnisse, an deren Disqualifikation ich mitwirke durch die Form meiner schriftlichen Arbeit, die niemals »schreiben« sein darf, bestenfalls eine sorgfältige Demonstration sekundärer Originalität. Literatur ist dann nur noch, was andere machen, ganz wenige, erlesene andere, und zwar über meinen Kopf hin – der die Hauptlast dieses Studiums tragen und das, was mir von Dichtern in den Bauch oder ans Herz gegangen ist, bestreiten lernen muß, bestreiten in einem mühsam erworbenen Code.

Dagegen: Schreiben! *mich* ausdrücken, aller hohen Literatur zum Trotz; nicht mehr mich in den Wörtern, sondern in den Wörtern *mich* finden – welche Verheißung. Sie ist angstbesetzt, wie anders, es schreiben ja so viele, und viele wirklich besser; diese Angst – lebt man denn, wenn andere leben? – erzeugt Aggression, daher: Schreiben *oder* Literatur! Kein Wunder, daß sich an den Hochschulen creative writing-Gruppen bilden, workshops, die ihre Enttäuschung durchs Studium in eigene Aktivität transformieren wollen, ohne dabei das schlechte Gewissen ganz loszuwerden oder, leider, den Jargon; an ihm bleiben die Soziologen, Strukturalisten usw. erkennbar und genießen gegenüber den Naiven ihren Markt- und Sprachvorteil. Nein, ein Genuß ist der nicht, auch nicht für die, die ihn ausspielen müssen, die Texte werden davon nicht stärker, nur interpretationsfähiger, rechtfertigungsintensiver. Der Wunsch, *wer* zu sein, kommt dem Bedürfnis, *sich* einzubringen, wieder zum Verzweifeln in die Quere, die *besten* fühlen es ja selbst, wie sehr die Imponiersprache, die sie sich angeschafft haben, dem gesuchten *schreiben* scharf entgegengesetzt ist. So wird die gewünschte *Schreibarbeit*, deren Verlockung man mit so guten Gründen gefolgt ist, in der Praxis wieder zu einem grausamen Spiel. Der Erwartungs-Einsatz ist ja noch höher als beim Studium, also sind auch die Einbußen noch schwerer zu ertragen.

Der Leiter dieser Übung müßte, um das *Schreiben* von der Erwartung, die er wecken geholfen hat, wieder zu entlasten, wohl etwas ganz anderes als Schriftsteller sein, Entkrampfungskünstler, Animateur, ein fast genialer Sozialpädagoge – diese sind aber, mit Gründen, unter den Schriftstellern dünn gesät. Wenn man annimmt – das unterstelle ich –, daß er aus einem sozialen Defizit zu schreiben anfing und weiterschreibt, ist nicht einzusehen, warum sich diese Not plötzlich in eine gruppendynamische Tugend verwandeln soll, wenn er zum Seminarleiter oder *Writer in Residence* einer Hochschule wird.

Wahrscheinlicher ist, daß Schlimmes droht: entweder eine seelsorgerliche Attitüde, für die sich die Teilnehmer mit Recht bedanken, eine Anbiederung, die die Herablassung vermeidet und darum schlecht verbirgt. Oder dann eben Schwerhörigkeit gegen alles, was er nicht brauchen kann (für sich), Zustimmung nur zu Texten, die ihm entsprechen – also im besten Fall wieder eine (nicht deklarierte) Selektion literarischer von nichtliterarischer Arbeit, oder was er dafür halten muß. Dieser beste Fall ist aber der schlimmste unter dem angekündigten Gesichtspunkt der »Therapie« – die sich dann endgültig als Überforderung des Gastes und als unerfüllbare Erwartung der Teilnehmer erweist. Der Literatur-Anspruch, dem man die Tür gewiesen hat, schleicht sich durch die Hintertür wieder ein. Daß er persönlich, durch die hang-ups und Tics des Dozenten, eingefärbt ist, gereicht niemandem zum Trost. Trost mag ja nicht gefragt sein, aber Ermutigung, Hilfe zur Selbsthilfe ist gefragt, und der Schriftsteller, der sie schuldig bleibt, treibt Etikettenschwindel, wenn er die Hoffnung – das Mißverständnis – genährt hat, diese Gastrolle sei therapie-orientiert. Sie kann nicht anders als falsch gespielt – nämlich nur gespielt – sein, ein Scheißspiel, um es neudeutsch zu sagen, weil die Erwartung höher und noch ungeschützter war als im sogenannten ordentlichen Literaturstudium. Dieses läßt dem Studenten immerhin die Freiheit zur Behauptung, daß es nichts mit ihm zu tun habe; die »Schreibarbeit« aber kann ihm die Erfahrung suggerieren, daß er nicht genügt.

10

Ich hatte vor Frankfurt meine Erfahrungen mit »Schreibarbeit« gemacht und wollte mich durch sie nicht belehren lassen. In Rowohlts »Literaturmagazin 11« bieten Silke Schilling und Gerhard Goebel unter dem Titel »Sympoesie« Schreibspiele an, die ich mit Zürcher Studenten nachgespielt habe, weil sie Entlastung vom Großen Urheber und partizipatives Schöpfungsvergnügen versprachen: das Abdecken von Sprechblasen in Comics, ihr Ersatz durch Legenden, die gegen die Bildgeschichte laufen; das »Besetzen« von Tarot-Karten durch imaginäre Lebensläufe; das Mitmischen des Zufalls beim Finden von Spielregeln; die Verteilung der auktorialen Verantwortung auf eine Gruppe. Die Entlastung vom individuellen Realisations-Zwang war fühlbar – aber das Gefühl war nicht nur erheiternd. »Le cadavre exquis boira le vin nouveau«, André Bretons Code-Wort für die »automatische« Entgrenzung der Poesie – dieser Kadaver begann den Teilnehmern doch heimlich zu stinken. Das Spiel wurde nur im günstigsten Fall zur Erfahrung poetischer Freiheit, im normalen ein Gesellschaftsspiel auf dem Niveau jener Unterhaltung, die wir auf die Dauer nicht lustig fanden, des Pfadfinder-Juxes und Pennälergaudis. Von der Poesie blieb nur das Machen, nicht der Autor übrig; so entlastet wollten die Teilnehmer auf die Dauer dann doch nicht sein. Wir waren dem Unernst der »Sympoesie« so wenig gewachsen wie dem Ernst des individuellen Urhebers. Es zeigte sich, daß die Freiheit zur Phantasie, bei allen Hindernissen – Schreibkrampf, Ungeschick, Angst vor Unerheblichkeit –, eine personale Freiheit bleiben wollte. Kam hinzu, daß die Herstellung »automatischer« Texte eine noch höhere, im

Grund: die anspruchsvollste Art von Kunstverstand erfordert hätte. Gerade der Schein des Zufalls war bei allen surrealistischen Texten, die uns einleuchteten, kein Werk des Zufalls.

In Frankfurt schrieben wir also wieder »selbst«. Wir versuchten, das problematische Subjekt des Autors bei den Hörnern, das heißt: bei seiner anerzogenen Konfrontationsscheu zu packen. Es lohnte wohl den Versuch, davon auszugehen, daß unser Ausdrucks-Widerstand nicht erst mit literarischer Bildung, sondern mit älteren Verbildungen zu tun hatte. Wir lernen, unser Ich als eine feste Größe zu behaupten – und nehmen erst viel später wahr, daß wir uns dieser Konstruktion zuliebe ordentlich verfestigen, körperlich versteifen mußten. In der Annahme, Schreiben, jedenfalls »therapeutisches« Schreiben, habe mit der Bereitschaft zur Wahrnehmung zu beginnen, nahmen wir in Frankfurt eine Übung der Gestalt-Therapie zuhilfe. Die Aufgabe bestand darin, uns selbst, und zwar nackt, im Spiegel anzureden und zu notieren, was wir bei dieser Begegnung sehen, wie wir uns erlebten, was wir an uns finden, und wie die Tatsache, daß wir darüber Buch führten, diese Sicht beeinflußte.

Nicht alle Teilnehmer ließen sich darauf ein. Der Verdacht der »Selbstbespiegelung« – ein alter Bekannter von 68 – war abstrakt, wie er erhoben wurde, ja auch nicht zu widerlegen. Unter den Texten, die dann kamen, sollen zwei – in kurzen Proben – die Spannweite möglicher Antworten illustrieren.

II

Eine Teilnehmerin betrachtet ihr Gesicht, nur dieses: es ist ihr nackt genug.

»Man muß meine Geschichte kennen, um zu wissen, daß ich keinen Grund habe zur Verbitterung. Mein Mund aber scheint meine Geschichte nicht zu kennen.« »Die Oberlippe hat sich eine Krümmung angewöhnt, die direkt in die beiden unangenehmen Kerben läuft. Als sei sie es gewesen, die diese Kanäle zwischen Wange und Kinn gedrückt hat. Wie eine Erpressung meiner untern Gesichtshälfte ist das. Ich lege meine beiden kleinen Finger auf die Kanäle, und nun sehe ich ganz anders aus. Eigentlich sehe ich nicht aus. Es ist jetzt ein Gesicht, das niemand gehört.« »Die kleinen Fältchen um die Augen, die ich jetzt ins Visier nehme, sind wie alte Bekannte, die ich beinahe zärtlich begrüße. Ja, ich kenne sie besser, als alles andere in meinem Gesicht: ich habe sie ja 20 Jahre bekämpft. ›Es sind Lachfalten‹, sagte jemand, ›was hast du dagegen.‹ (. . .) Mag ich sie nur, weil ich sie so gut kenne nach all der intimen Beschäftigung? Oder mag ich sie, weil sie sich nicht ausrotten ließen?« »Vielleicht geben die Kerben den Mundwinkeln ihren letzten Halt. Es ist wieder der Mund meiner Mutter, bevor sie sterben konnte, und dabei habe ich immer gedacht, ich habe den sinnlichen Mund meines Vaters geerbt.«

Ein Student, zwanzig Jahre jünger, setzt sich mit einem ganzen Körper auseinander:

»Der Spiegel begeht Striptease, und ich stehe ihm Schmiere.« »Ziehen sich Furchen nach oben, so ist es, als wollten sie Abstand gewinnen und sich über die Haare hinaus in die Weite objektiver Selbstkritik flüchten.« »Stoppeln unten, Augen oben. Würde ich den Kerl vor mir entdecken, wenn in meinem Paß nicht ›graugrün‹ notiert wäre?« »Kniee sind ekelerregend. Durchgedrückt wirken sie wie ein altbackenes Brötchen, nach außen gebogen bekommt das Brötchen einen Größenwahn und stellt sich gegen die Welt. Wäre ich eine Fliege, so würde ich vorwiegend auf angewinkelten Beinen sitzen wollen und mir die Welt von oben betrachten.« »Ein dunkelrot rissiges Etwas öffnet und schließt sich im Schutz eines über ihm angesiedelten Haarkonglomerats, das man Bart nennt. In Wirklichkeit ist es eine halbovale schwarze Fläche, unvollkommen in Himmelsrichtungen drängendes Chitin.«

Zwei Muster: dort die Arbeit der Annäherung an das eigene Gesicht, Beobachtung über die Verstörung hinaus bis zur beginnenden Vertrautheit, einem Anfang von Selbst-Vertrauen. Die Wörter hüten sich, einen Zug zu überzeichnen. Der Text gibt Interesse zu spüren am Gesicht und der Geschichte, die darin eingefleischt ist. Die Autorin läßt nicht nach, bis die Betrachtung zur Teilnahme wird. Sie übt die Teilnahme an diesem Gesicht, das das ihre wird wie zum ersten Mal, durch Sprache.

Anders der zweite Text: er kann den Gegenstand, seinen Körper, nicht sein lassen, so wenig, daß er einerseits nur flüchtig angesehen, anderseits erst recht »Gegenstand« wird. Als Material wird er mit ein paar schnellen sprachlichen Griffen benützt, überformt durch (unfreundliche) Phantasien, versteckt hinter Metaphern: so wird die Nacktheit zum Kostüm, und als Kostüm zugleich abgewertet und aufgerüstet. Wir bemerken einen Widerspruch in diesem Verfahren. Was es zeigen will, wird einerseits wegwerfend behandelt, anderseits kostbar gemacht. Selbstschutz, Enttäuschungsprophylaxe,

Scham, verkleidet als Radikalität? Deutlich ist, daß der Autor aus seinem Gegenstand etwas *machen* will, als wäre er ihm, in Ruhe besehen, nicht wichtig genug. Der Autor gibt mit jedem Satz zu verstehen, daß er (einem Publikum, sich) etwas *zeigen* will; hinter diesem demonstrativen Interesse darf sich das therapeutische der Selbsterfahrung nicht sehen lassen.

12

Beide Texte machten uns im Seminar betroffen, auf ungleiche Weise. Exemplarisch illustrierten sie das Auseinandertreten des therapeutischen und des literarischen Zugangs, von Selbsterfahrung – wer bin ich eigentlich? – und Selbstdarstellung – was mache ich aus mir? Was mich betraf: diese Differenz entsprach meinen eigenen Erfahrungen; und sie widersprach meinen Hoffnungen.

Ich hatte die Seminaraufgabe ein Jahr früher für mich gemacht und war gescheitert an »Langeweile«; mein Gesicht, mein Körper schienen mir als Stoff nicht ausreichend. Ich wußte aus »mir« nichts zu machen, was – unter dem Gesichtspunkt Therapie – ja wohl zu deuten ist als: ich machte mir nicht genug aus mir. Und da dies wohl eine Lüge war, hieß es: ich weigerte mich, mir wirklich ins Gesicht zu sehen, Kontakt mit meinem Körper, also: meinen Bedürfnissen und ihren Entstellungen aufzunehmen. Ich wich aus: die Spiegelgeschichte, die als meine Geschichte nicht erzählbar war, wurde zur Geschichte eines andern, des Komödiendichters Ferdinand Raimund, der sich 1836 aus Furcht, von einem tollwütigen Hund gebissen worden zu sein, das Leben genommen hatte.

Im Klartext: die Bewegung, die ich mir schuldig geblieben war, wurde zum *Motiv*, zu verwenden in einer Fabel, in die ich meine ungeleistete Schuldigkeit investierte. Das Gefühl meines Versagens setzte ich ein – und um – zur Charakteristik eines eingebildeten Kranken, dessen Leid (und Rang) ich mir zunutze machen, sprechen lassen konnte für das, was ich mir selbst verschwiegen hatte. Und zwar ließ ich es vieldeutig sprechen – gebrochen durch die Perspektive des bekümmerten Arztes, der Raimund nicht hatte helfen können, auch nicht durch die als Zitat eingesetzte Spiegel-Therapie, und dafür, zu seiner Entrüstung, den vermeintlich tollen, aber kerngesunden Hund hatte töten und sezieren müssen.

Bei dieser literarischen Inszenierung gewann ich viel. Ich konnte, aus der Sicht des Arztes, die Einbildungskraft Raimunds nicht nur menschlich tadeln, sondern humanistisch denunzieren. Damit tat ich Buße für die Weigerung, mich der Erfahrung meines Körpers ernsthaft auszusetzen. Ich konnte mir aber auch, aus der Sicht Raimunds, und beglaubigt durch einen tragikomischen Tod, die Unheilbarkeit des Talents bestätigen lassen und so das Philiströse des Helfers, die Ahnungslosigkeit des Helferwillens überhaupt bloßstellen. Damit blieb die Moral der Geschichte offen. Das war meine Art – die literarische Art –, mich gewinnbringend zu drücken vor der selbstgestellten Aufgabe. Ich hatte mich hinter Raimund versteckt und zugleich das Versteck kritisiert. Das heißt aus der Not eine Tugend machen. Es heißt natürlich auch: die Not, als fiktionalisierte, nicht ganz wahrhaben wollen. Und es heißt gewiß nicht: der Not abhelfen.

13

Die Texte der Frankfurter Studenten verlockten auch zu Diskussionen über Frauen- und Männertexte. Hie die Autorin, der es um ungespielte Selbsterfahrung geht und der dabei – unbeschadet der Radikalität ihres Interesses – eine sanfte, zur Sympathie fähige Sprache zu Gebote steht. Dort der Männertext: Aufrüstung des Gegenstandes mit Einfällen; Lust (?) zur Deformation. Eine andere Radikalität, die nicht verbirgt, daß sie einem Publikum imponieren, vor dem Leser-Konkurrenten bestehen möchte; eine Sprache, die nicht im Vertrauen gesprochen ist.

Gesetzt, es wäre etwas an diesen Schablonen – wie entgeht das Gespräch darüber der (Dis)qualifikation ? Ria Endres über Thomas Bernhard: ein Pamphlet, das sich hören läßt und gewaschen hat – gewaschen freilich mit allen Wassern der Frankfurter Schule, deren dialektisch-decouvrierenden Gestus ich als »männlich« empfinde, im Gezwungenheitsgrad seiner Sinnlichkeit, seinem zur Aggression stilisierten Schamgefühl, seinem Haut-goût von Dandytum. Aus einem solchen Arsenal bewaffnet, wendet sich die Frauen-Kritik gegen den männischen Hang zur Menschen-Reduktion, gegen Panzer und Skelett, gegen die ungleich langen Spieße der »Kultur«-Geschichte. Wohlgetan – nur fürchte ich, hier findet nicht Befreiung statt, sondern ein Rüstungswettlauf. Auch die heilige Wut kann sich dabei nur totsiegen; heimlich steht sie mit jedem Argument, das sie dem feindlichen Prinzip abgewinnt, in dessen Lager. Daß solche Dissertationen persönlichen Stils, ohne akademische Stoßdämpfer, heute geschrieben und angenommen werden, ist gut, und daß eine Frau sich mit ihrer begründeten Wut auf die Männer in der Männergesellschaft qualifizieren kann, kein Anlaß zur Ironie. Dennoch: das Werk des Zerstörers Bernhard ist, als Werk, durch seine symbolische Zerstörung nicht zu widerlegen. Ich weiß nicht, ob es »bleibt« – aber sein Recht als ästhetische Wahrheit ist nicht verloren, wenn ihm das sittliche, soziale, psychische Recht zur Existenz abgesprochen wird. Frau Endres mag sich von ihrer Fixierung auf ein destruktives Faszinosum befreit haben: gut für sie. Aber die Tatsachen, aus denen das Faszinosum seine Beweiskraft zieht, sind nicht aus dem Weg zu schaffen durch ein feministisches Attentat. Kunstwerke sind keine Argumente, die man billigen oder verwerfen könnte; es sind Spiele, und als solche nicht zu töten. Du bist nicht wahr! ist kein Einwand gegen sie; das versteht sich und ist vorausgesetzt. Du darfst nicht wahr sein, denn du bist nicht gut! – das läßt sich gegen jedes Menschenwerk, zur Not sogar gegen das Erdbeben von Lissabon einwenden – aber nicht gegen die *Darstellung* von Mensch und Menschenwerk. Denn was an ihr Geist ist, führt seinen eigenen Widerspruch mit sich und kann den moralischen Widerspruch entbehren, ja ist oft genug Ausdruck der Verzweiflung am Unzureichenden jeder Moral. Das Kunstwerk hat keine Moral, aber es ist eine – darum stößt die sittliche, auch die sexual-moralistische Kritik an ihm ins Leere. Im Grenzfall ist s i e es eher, die erschreckt, als das erschreckende Kunstwerk; denn sie hat es nicht weit zu Savonarola. Der Weg bis zur Bücherverbrennung kann kurz sein für die fromme Entrüstung, und mit einem Bein steht sie allemal im Lager der Barbarei.

14

Richtig bleibt: gegen Kunst läßt sich das Radikalste, nur das Radikalste einwenden. Man kann wohl sagen, daß Kunst geradezu Ausdruck eines Mangels an Kultur sei. Wehe der Gesellschaft, die ihren Anspruch auf Freiheit, Selbstverwirklichung, Narretei und Phantasie nur jenem Spezialisten zubilligt, den sie Künstler nennt. Aber: auch als Ausdruck von Mangel *ist* die Kunst selbst nicht der Mangel, gerade als Ausdruck nicht. Sie meldet den Mangel nicht, ohne ihn zugleich anzumahnen; sie für ihre Nachricht zu bestrafen, bleibt barbarisch, ob diese Anklage ein Werk Zürcher Literaturfeinsinns oder ein Meisterstück feministischer Polemik sei. Kunst mag aussehen wie Nicht-Tat. Zur Untat wird sie nicht, solang sie zeigt, wie wir der Befreiung und Erlösung bedürfen – die sie explizit verhöhnen mag wie sie will. Diesen Bedarf aber deckt sie auf durch ihre Form, die Goethe »ein Geheimnis den meisten« genannt hat. »Stellung« bezieht sie freilich nicht; wie leicht würden aber diese Stellungen durch die nächste Zeitungsmeldung überholt, und mit wie viel gutem Grund. Sie zeigt die Tatsachen im Licht der Erfindung, und darin ist sie weder grausam noch versöhnlerisch. Sie läßt auch das Unmögliche und absolut Verbotene möglich scheinen und schafft Tatsachen, als wären sie nicht wahr. »Wenn Hitler den Krieg nicht gewonnen hätte« – in diesem Titel Heißenbüttels spricht der Geist der Fiktion, der nicht lügt, nur weil die Fiktion nicht die Wahrheit sagt. Was wir wirklich nennen, erscheint im Lichte des Möglichen als Zufall. Bernhards bedeutende Werke bleiben auch dann ein Glück, wenn sie nicht von Glück reden; wenn jede Erinnerung an Glück darin zum Hohn wird. Das macht: sie halten der

Erinnerung *stand*, daß es in der Tat kein Wort gibt, das der faktischen Unmenschlichkeit des Menschen gegen seinesgleichen beikommt. An dieser Leerstelle von Glauben und Selbstvertrauen steht die Dichtung; wo nichts anderes mehr stehen dürfte als Scham und Verzweiflung, nimmt sie ihre Form an, die potenzierter Verrat ist – Verrat, zum Glück, auch an der Verzweiflung. Schweigend steht sie da als Menschenmögliches für alles – und gegen alles –, was Menschen möglich ist.

Dieses Glück hat nichts mit dem Pursuit of happiness der amerikanischen Unabhängigkeitserklärung, es hat mit Glücken, mit dem Gelingen des Unmöglichen im Zeichen sinnlicher Wahrheit zu tun, also: mit dem Metier. Die Frage lautet nicht: wer bin ich, und wie kann ich damit leben, sondern in der Tat: was mache ich daraus? Daß der Mensch nur da ganz Mensch sei, wo er spiele, bleibt wahr auch dann, wenn dem Satz alle sichtbare Heiterkeit abhanden gekommen ist. Wo steht geschrieben, daß es schon bei Schiller ein froher Satz gewesen sei? Auch das Reden von der Literatur kann keine fröhliche Wissenschaft sein, da sie das Schweigen über so viel reale Not einschließt, zuerst: bei ihren Urhebern. Aber das freilich ist von ihr zu erwarten: *daß* sie diese Not einschließt. Je mehr sie es tut, desto stärker ist sie als Kunst; und desto unbrauchbarer als Praxis.

Männerwerk? Dem Berührungshungrigen und Heilungsbedürftigen mag sie leicht als Teufelswerk, dem Moralisten wie Lug und Trug, dem Weltverbesserer als fauler Zauber erscheinen. Die Kunst zeigt Mann und Frau, wie weit wir vom Ziel sind, dem Paradies. Da sie ganz tun muß, was sie tut, deckt sie auch das Ganze unserer Entfremdung auf – aber auch, in der Tiefe der Entfremdung, das Ganze; als real Unmögliches, aber konkret Einleuchtendes. Eine revoltierende Zweideutigkeit, keine heilsame; aber wohl auch keine geschlechtsspezifische. Das Todesurteil, das Frau Endres als Männerwerk liest, hat in Bernhards Werk der Mensch gesprochen; es ist verzweifelt, aber nicht ernst, denn das Paradies kann nichts Ernstes sein, sonst wäre es die Hölle. Die Geschichte der Menschen ist »fortgeschritten« von Mozarts Salzburg in dasjenige Bernhards; die Heiterkeit ist tiefer gesunken. Aber sie ist darum nicht ausgestorben. Lebensernst und Menschenfreundlichkeit sind der Therapie unentbehrlich. Für die Kunst sind sie Stoff für etwas anderes: für das Gelingen einer Form, die in jede Eigenschaft ihr Gegenteil aufnimmt, und jeden Spruch in seinem Widerspruch spiegelt: Ironie als Erinnerung an das Ganze. Bernhard mag durch Endres nicht zu widerlegen sein. Aber wehe der Zivilisation, der die Kunst als Alibi gegen das real Mögliche – zum Beispiel: die Besserstellung der Frau – dienen muß; sie hat auch von den utopischen Möglichkeiten der Kunst keinen Begriff. Phantasie ist unteilbar.

15

Zu unsern Seminartexten: es kostete uns einige Mühe zu sehen, daß der weibliche Text nicht besser war, weil er uns unmittelbar berührte. Er berührte uns, weil er besser gemacht war. Die Figur im Spiegel liebevoll behandeln, ist nichts Geringes; den Leser geht sie erst etwas an, wenn sie übersetzt ist in überzeugende Sprache. Das gültige Zeugnis dafür, daß eine Begegnung stattgefunden hat, ist ein ästhetisches: daß sie sich im Leser wiederholt und ihren Anlaß dabei hinter sich läßt. Sie bestätigt seine Wichtigkeit, indem sie unabhängig von ihm bestehen kann. Die Möglichkeit – für die Unschuld unangenehm – bleibt offen, daß es nicht immer die Menschenfreundlichkeit ist, die jener Übersetzung in Sprache Grenzen setzt; daß die Neugier, die Abenteuererlust, die Bosheit alle Grenzen sprengen kann – wenn sie es *kann*. Eine Entstellung ist denkbar – für den Begabten: machbar –, die die Kenntlichkeit verbessert. Es scheint nur so, als habe die Frau im Spiegel weniger aus sich gemacht als der Mann. Auch dieser Schein des Unmittelbaren ist Kunst. Und er ist von der wirklichen Berührung, dem Trösten von Mensch zu Mensch um eben jenes unübersteigliche Maß entfernt, in dem er an Berührung und Trost zu *erinnern* vermag.

Kunst streichelt nicht, und sie zerstört nicht. Sie ist nur die wirksame Erinnerung an alles, was Streicheln oder Zerstörung bedeutet, der wahrhafte Ausdruck des Heimwehs danach – und darum so leicht mit der »Sache selbst« zu verwechseln. Die Vögel des Zeuxis fliegen noch immer auf seine Früchtebilder, wenn sie täuschend (was nicht mehr heißen kann: »ähnlich«) gemalt sind. So groß ist die Macht der ästhetischen Erinnerung (auch der Erinnerung an Niedagewesenes), daß sie sich an die Stelle des Erinnerten setzt, ja: erst diese Stelle bewußt machen, »besetzen« kann. Und eben so kommt es auch zur Täuschung, der Urheber dieser Schätze oder Sakramente verfüge auch als Person über sie. Auch die Kraftquelle der Erinnerung ist, beim Urheber wie in seinem Werk, nicht das Wirkliche, sondern seine Verlorenheit. Dadurch, daß die Kunst den Schein *»wieder«* herstellt, kann sie als Gnade, Heilmittel, ja zeitlos wirken; dadurch, daß sie nur den *Schein* wiederherstellt, als Lüge.

Kein Weg führt vorbei an der Herkunft der Kunst aus dem Verlust – und daran, daß sie an diesen Verlust zugleich erinnert und über ihn täuscht. Sie spielt, das heißt: sie führt die Phantasie aus, daß die menschliche Aktivität keinen Zweck zu haben brauche; daß nichts an ihr Mittel für etwas anderes sei, also auch kein Heilmittel – so wenig wie eine Waffe. Die 68er Generation, die Bücher mit Barrikaden oder Sprengsätzen verwechselte, betrügt sich abermals, wenn sie, zehn Jahre danach, Bücher als Schmerzdämpfer einsetzt. Bücher können wohl Schmerz bereiten und dämpfen; aber nur als Erinnerungen an Schmerz und Wohltat. Sie können die Welt, das heißt: das Bewußtsein, verändern; aber nur als Erinnerungen an unsere Veränderungsbedürftigkeit. Sie sind niemals, auch nicht in ihrer tiefsten Zweideutigkeit, auf der Seite des Bestehenden – um den hohen Preis, daß sie auch niemals unzweideutig auf der Seite des konkret Besseren, Andern, Notwendigen sind. Sie sind Geschöpfe des Mangels, die sich mit gleicher Schärfe gegen den Mangel wenden, wie sie sich weigern, reich, will sagen, positiv zu werden. Keine Antwort paßt genau auf die Frage, die sie stellen; und doch verwirft das Kunstwerk jeden, der sich mit *bekannten* Antworten davor zur Ruhe setzt. Der Reiz des Kunstwerks ist untrennbar von seiner Irritation; was an ihm, der Form nach, als Gelingen zu beruhigen scheint, setzt im Betrachter eine Unruhe frei, die er sonst nicht kennt und ohne Kunstwerke nicht kennenlernen würde. Es stellt Fragen von Existenz zu Existenz; es hat keine Botschaft, es ist eine. Sie kann immer doppelt gelesen werden, als »du sollst dein Leben ändern« und »wie es auch sei, das Leben, es ist gut«. Sie *muß* doppelt gelesen werden – das ist auch ärgerlich; wer Hilfe braucht, ärgert sich daran.

Die Erinnerung an die Freiheit macht nicht wirklich frei; wer ihr mit dieser Erwartung begegnet, für den wird sie zur Illusion.

Die in einer von Hölderlins späten Hymnen genannte Stadt der Mnemosyne – Mutter aller Musen – heißt Eleutherä, die freie. Aber so heißt sie bei ihm als zerstörte, als verlorener Ort. Der verlorene Ort ist derjenige der Dichtung; als verlorene erhebt sie sich unzerstörbar in der Erinnerung; und als erinnerte erst erscheint sie frei. Welcher Art diese Freiheit sei, bleibt nachzufragen. Ist es zu halten, daß sie mit der großen Freiheit der Politik, der bescheidenen Freiheit, gesund zu werden, etwas zu tun habe? Sie hat nichts damit zu tun. Aber dieses Nichts könnte so genau sein wie in einer japanischen Kalligraphie das Verhältnis der umgebenden Leere zum schwarzen Zeichen. Das Zeichen besagt so viel, daß das im Kunstwerk nicht Ausgesagte nicht nur ausgespart ist; daß sogar der Gesichtspunkt des Präzisen zutrifft auf das Verschwiegene; daß es im Spiel bleibt, wenn wir den Blick dafür haben – den spielenden, schaffenden, re-kreativen Blick; wenn wir also Menschen bleiben. Es bedeutet freilich nicht, daß uns zu helfen ist.

16

»Als ich in einer Therapiegruppe teilnahm, wo eine Kombination von ›Gestalt‹ und Bioenergetik praktiziert wird, kam der Augenblick, wo ich ›arbeiten‹ sollte oder wollte, das war nicht zu unterscheiden – also arbeiten sollen wollte. Unter ›Arbeit‹ müssen Sie sich vorstellen, daß ein Einzelner in einem Kreis von fünfzehn bis fünfundzwanzig Leuten zu erkennen gibt, daß er so weit ist, etwas für sich zu tun. Er faßt sich ein Herz, er will etwas sagen, er will sich bewegen, er hat gelacht oder geweint, er macht den Therapeuten auf sich aufmerksam. Dann kommt er dran, beide kommen sie dran, der Auffallende und der Therapeut. ›Arbeit‹ ist, für eine unbestimmte Dauer, eine Arbeit zu zweien. Die übrige Gruppe nimmt teil, nicht durch lautes Sich-bemerkbar-Machen, sondern durch wirkliche Anwesenheit. Auch das ist natürlich Arbeit. Der Therapeut hakt an der Stelle ein, die ihm der Auffallende anbietet: oft ist es ein vorgeschützter Punkt, aber er läßt, für das erfahrene Auge, durchblicken, wo der kritische Punkt ist: im Ausdruck; nicht immer, ja selten im verbalen Ausdruck. Oft sitzt das, was ausgesprochen werden will, im Knie, in den Schultern. Der Körper gibt den Konflikt, die Spannung zu erkennen, die der Arbeitende nicht ausdrücken kann, von denen der Kopf nichts weiß oder wissen will. Etwas vom Einfachen und Schweren, was er da lernt, ist die regelmäßige und meist erhellende Ersetzung des Wortes ›Ich kann nicht‹ durch ›Ich will nicht‹. Ich kann mich von etwas nicht trennen? Du willst also nicht. Vielleicht hast du gute Gründe dafür. Suchen wir herauszufinden, warum du dir verbietest, nach deinem wirklichen Gefühl zu handeln. Was dich dazu führt, dein wirkliches Gefühl als Unvermögen darzustellen.

Diese Arbeit ist streng, voller Pausen und Brüche, die sie aber weiterführen, deren Überspielen sich also von selbst verbietet, voll peinlichen Schweigens, das man aushalten lernt, um es zu befragen: was will es sagen? Man lernt selbstverständliche Dinge, die kaum zu machen sind, weil sie gegen sauer erworbene Gewohnheiten gehen. Etwa: seine Angst genau zu nehmen: denn sie könnte eine lebenswichtige Meldung enthalten, die zur Angst erst wurde, weil man es nötig hatte, sie ein Leben lang zu fürchten. Es könnte sich zeigen, hier und jetzt, daß man diese Furcht nicht mehr nötig hat. Dann könnte die Nachricht, die irgendwo sichtbar – diese Arbeit macht Dinge sichtbar – im Körper verklemmt wurde, eine sehr gute Nachricht sein. Auch das Aufatmen, die Erleichterung ist dann nicht nur sichtbar, sondern fühlbar. Sie wird von allen gemeinsam mitgefühlt und von jedem für sich. Für irgendeinen ergibt sich dann weitere Arbeit aus dieser Gefühlsentdeckung, mit dem Therapeuten zusammen, oder allein. Sehr schöne Momente; ein Stück neue Freiheit zu sich selbst (und zu den andern) wird als Befreiung des Kniegelenks, des Schultergürtels bemerkbar. Sie macht jahrelang gehütete Rückenschmerzen überflüssig; man braucht sie nicht mehr, man sieht aber auch, wozu man sie einmal gebraucht hat. Man hat die Nachricht, die in diesem Rücken blockiert war – die ich in meinem Rücken blockiert habe –, empfangen. Man lernt hier ›Ich‹ sagen, das kann bei beinahe zu Tode disziplinierten Leuten zu ein wenig Mitgefühl für sich selbst führen. Und die andern zu Gefühlen für ihn. Er kann die Fragen, die ihn lebenslänglich haben erstarren lassen, andere ins Gesicht fragen. Und siehe da: der Verdacht seiner Unliebenswürdigkeit bestätigt sich nicht. Man lacht ihm ins Gesicht – aber nicht so, wie er schon als Kind gefürchtet hat, daß ihm ins Gesicht gelacht werde. Er wird als Lebendiger wahrgenommen und bringt bei den andern Leben hervor. Darüber freut man sich, daher lacht man ihm ins Gesicht. Das ist ganz wenig, ein Anfang. Und es ist mehr, als die meisten von uns sich haben träumen lassen: in der Verzweiflung darüber haben sie ihre Offenheit reduziert, so lange und konsequent, bis ihnen nur noch ein Zusammenbruch zeigen kann, daß sie überhaupt noch Gefühle haben.

Solche Zusammenbrüche, Lebenszeichen, sind in der Gruppe, von der ich rede, ein Grund zur Freude. Sie sind das erste, härteste Stück der Arbeit: jemand kommt auf den Punkt, wo er sich fühlt. Er hat keinen Panzer mehr nötig: er hat etwas für sich übrighaben gelernt, er fühlt seinen Körper und kann lachen oder heulen über das, was er sich bisher angetan hat. Da kommt einer und erzählt der Gruppe, wie schwierig das sei: die Frau, die Freundin, er könne weder so noch so, könne es nicht recht machen, wie er's von sich zu verlangen gewohnt ist. Der Leiter erklärt: Er sehe das Problem nicht. Der Mann wiederholt sein Drama, er beginnt heftig zu werden. Wie kann man das nicht verstehen? Der Leiter bedauert: er versteht schon, aber das Problem sieht er nicht. Da geht einer kaputt, und der Therapeut sieht kein Problem! Der Mann schweigt, sonst würde es ihn jetzt sprengen. Der Therapeut: du siehst wütend aus: würdest du bitte bei allem, was du mir sagen möchtest, dazusagen: du Arschloch? Der Mann ist wohlerzogen: nein, das tut er auch jetzt nicht, das *kann* er nicht. Der Therapeut: okay, dann geh in die Ecke und schäm dich. Er sagt's ohne Augenzwinkern. Schämen soll sich der Mann auch noch, wieder in die Ecke gehen, wie schon jedes Mal? Jetzt reicht's. Er packt sein Kissen, schmeißt es dem Therapeuten an den Kopf und schreit: Du Arschloch! Der Therapeut grinst. Es geht also! Du kannst es, jetzt kannst du damit arbeiten, wenn du willst.

Die Bräuche wirklicher Therapie-Arbeit sind hart, denn sie müssen das Verhärtete in uns treffen; sozusagen die falsche Fassung, zu der wir uns, aus guten lebensgeschichtlichen Gründen, gezwungen haben. Diese Verbildung wird in der Therapie greifbar als Quelle unserer Invalidität. Da ist weder Helfer-Hilfe noch Barmherzigkeit am Werk. Da geht es zu wie bei einem Zen-Meister: ohne falschen Respekt für das Leiden, das wir uns zugelegt haben, zu unserem Schutz, unserem erdrückenden Schutz. Aber mit ehrlichem Respekt vor der Würde des Menschen, die nicht der Therapeut verletzt, sondern die beeinträchtigt ist durch unsere eigene Angst vor dem Leben, unsere eigne Not mit unserem Gefühl.

Als ich mich zum erstenmal hinstellte, um zu ›arbeiten‹, nahm ich meine ganze Examensangst, meinen Prestige-Panzer dabei mit. Ich stand gewaltig da unter so viel Druck, ungefähr wie jetzt vor Ihnen. Und wie jetzt vor Ihnen, begann ich meinen Fall zu erklären: der Therapeut, alle andern mußten doch wissen, mit wem sie es da zu tun hatten. Damit zu rechnen, daß man mich möge, hatte ich nicht gelernt; also mußte ich Respekt gebieten. Mein Fall ist in Kürze dieser: so steht's in Hofmannsthals ›Chandos‹-Brief, dieser wortgewandten Demonstration des Sprachversagens. Ich habe nicht so schön, aber so literarisch der Gruppe und dem Leiter vorgeführt, worum es sich bei mir in Kürze handle. Bis mich der Leiter unterbrach und sagte: Würde es dir etwas ausmachen, jeden deiner schönen Sätze mit ›Amen‹ zu schließen?

Da stand ich da. Ich wurde langsam, sehr langsam, darauf aufmerksam, wie ich dastand, wie ich meinen Hintern durchgedrückt hatte, und wie ich zitterte. Warum denn? Nicht so schnell. Nimm zuerst wahr, *wie*. Und noch vorher: daß. Wie fühlt es sich an, wenn du zitterst, was fällt dir dabei ein? – Jedenfalls: keine schönen Sätze. Ich werde auch hier keine machen. Die Geschichte hat kein Happy-end. Wenn ich die schönen Sätze über mich völlig abgestoßen hätte, wäre ich von der Johann-Wolfgang-Goethe-Universität nicht zu dieser Gastvorlesung eingeladen worden. Daß Sie hier sind, mir zuhören, verdanke ich, abgekürzt gesagt, meiner irreparablen Bereitschaft, schöne Sätze zu bilden.«

17

Nachschrift zu jener »Amen«-Szene, und zu Lord Chandos:

Natürlich habe ich mich über den Therapeuten geärgert. Und ich ärgere mich jetzt, in der Erinnerung, wieder: über mich, über die Folgsamkeit, mit der ich meine Beschämung als Augenblick der Wahrheit gelten ließ, ohne mich für meine »schönen Sätze« zu wehren. Der Therapeut machte sich zunutze (er machte es m i r zunutze, würde er sagen), daß ich in die Gruppe gekommen war, um mich treffen zu lassen. Ganz so sicher wie damals will ich nicht mehr sein, ob wir eine therapeutische Szene gespielt oder eine Rivalität ausgetragen haben. Ich halte nur fest, daß er mit seiner Intervention, die unter andern Umständen hämisch gewesen wäre, unter *diesen* Umständen recht behielt. Mein Schuldbewußtsein gab ihm recht. Natürlich war ich in der Gruppe, weil mir meine »schönen Sätze«, will sagen: meine Schriftsteller-Leistung nicht zum ausreichenden Leben geholfen hatten. Wenn diese Neigung zu »schönen Sätzen« eine Blöße war, so hatte ich sie mir freiwillig gegeben, durfte mich also nicht wundern, wenn ich getroffen wurde.

Therapeutisch war es, worauf ich mich einließ; war es klug? Die Dichter nach Freud wußten, warum sie seine Analysen bewunderten, ohne selbst Analysen zu machen. Sie fürchteten, nicht nur das Instrument ihrer Arbeit, sondern ihren Sinn zu verlieren. Literatur wird vom Verdacht des »Agierens« nie auszunehmen sein, sobald sie sich auf diesen Verdacht einläßt. Dann ist »Schreiben« natürlich so viel wie: neurotisches Verhalten. Als solches behandelt, hört es auf, behandelbar zu sein; denn wodurch wäre es zu ersetzen? Was bleibt vom Schriftsteller übrig, wenn man das Schreiben von ihm abzieht; und hält er sich nicht, weil er die Antwort fürchtet, am Schreiben fest?

Ich wollte es anders, und wo nicht besser, so doch menschlicher wissen – ich wollte schreiben u n d mich vertragen mit mir selbst. Vielleicht ist das zuviel verlangt. Die Intervention des Therapeuten bewies mir: meine Rüstung (denn schöne Sätze lassen sich natürlich als Panzerung verstehen, ich, von diesem Panzer beschwert, verstand es selber so) war leicht durchdringbar. Sie zeigte sich in der Gruppe sofort als Blöße; sie wurde vom Leiter als Blöße vorgeführt. Was machte ich daraus – oder ertrug ich es zum ersten Mal, mir daraus nichts zu machen?

»Chandos«-Brief: ich erinnere mich, gegen dieses Stück Schlüssel-Prosa in einem Seminar ähnlich verfahren zu sein wie der Therapeut gegen mich. Ich hatte vor Studenten den Widerspruch zwischen behaupteter Sprachlosigkeit und vollendetem Sprachvermögen aufgedeckt und zur Redlichkeitsfrage gemacht. Hofmannsthal gefalle sich zu hörbar in seiner meisterhaften Rollen-Prosa, um als Rollen- und Meisterschaftsmüder im Ernst glaubwürdig zu sein. Schon die Zitierfähigkeit der Wörter, die ihm »wie modrige Pilze« im Mund zerfallen, das geläufige germanistische Amen zu diesen Sätzen, spreche gegen wirkliche Sprach- und Zusammenhangsnot, also gegen ihren existentiellen Ernst. Wie leicht fiel es damals, gegen diese Krisen-Attitüde eines unheilbaren Wunderkindes die tatsächlich zerbrochene oder entgleiste Grammatik der Dadaisten oder Robert Walsers auszuspielen!

Kein ehrliches Spiel, was mich betrifft. Ich bin gegen meine eigene Geschichte immer beredt gewesen: da es keine glückliche ist, habe ich mich leicht zur Schadenfreude über mich selbst hinreißen lassen. Dennoch – und darum – ärgert mich jenes therapeutische »Amen«-Bonmot immer noch. Ich hätte gute Gründe gehabt, mich gerade hier meines Lebens zu wehren und das Aha-Erlebnis nicht folgsam wegzustecken. Der Therapeut wäre für diese Gründe empfindlich gewesen; hier hätte es weitergehen müssen. Aber ich wollte mich nicht als Dichter mit Luxusproblemen aufspielen. Warum eigentlich nicht? Es waren meine Probleme, warum stand ich nicht dazu?

Ich möchte eine verpaßte Chance nicht hier, nachträglich auf dem Papier »bewältigen« – auch wenn dieses Verfahren altgewohnt und ein Schlüssel zu meinem Schreiben ist.

18

Schreiben ist ein zurückgezogenes Geschäft. Der es betreibt, ist, bevor er womöglich als Sprach-Meister gelten kann, ein Meister im Verschweigen gewesen. Was zu sagen gewesen wäre – zu wünschen, fragen, richtigzustellen –, blieb im zuständigen Moment ungesagt. So sind die langen Briefe an meine Jugendliebe entstanden; so entstehen meine elaborierteren Briefäußerungen heute noch; so habe ich schon als Vierjähriger schreiben gelernt. Schreiben war mein Abwesenheitsverfahren, mit dem ich Anwesenheit simulierte: hergestellte Gelegenheit nach verpaßter Gelegenheit, Nähe aus der Ferne, Dispens, der mit Kunst zahlte, was ich einem Menschen schuldig geblieben war; damals hielt ich diesen Menschen noch für den *andern*. Das Gegenüber, auf dem Papier zur Rede gestellt, wurde durch diese Rede aufgehoben. Gefragt wurde es nur der Form nach, mitreden konnte es nicht. Was nicht aufgehoben, sondern bekräftigt wurde, war die Distanz. Papier und Stift waren zugleich Mittel und Verhinderer der Rede – einer ungestörten, aber auch ungehörten und im Stillen schon verlorenen Rede. Zum Zeichen, daß sie Wiedergutmachung sein sollte, versuchte ich sie besonders gut zu machen. Ich hatte nötig, zu zeigen, wie gut ich war, da ich offenbar nicht genügt hatte; sonst hätte der andere ja zu mir gut gewesen sein müssen. Da ist eine Wunde geblieben, die durch Schreiben geheilt werden will – und der Wunsch, ein Vater feiner Formulierungen, möchte den Versuch nicht für untauglich halten. Umso dringender versucht er seine Kompetenz dem Papier zu beweisen, wie der Schimpanse einen Ast schüttelt, um ein Weibchen auf sich aufmerksam zu machen. Schreibend setzt sich der Bedürftige ins Recht – ins Recht des Gefühls, das ihm zur rechten Zeit nicht geworden ist. *Jetzt* kann er alles sagen – jetzt = danach. Schreiben als nachgetragenen Glanz – der dann nicht einmal ausreicht, den Urheber lange zu bestechen.

Solange er jung ist, hält er es für denkbar, daß in seinem Brief auch für den andern »alles gesagt« sei. Er täuscht sich – vielleicht will er sich noch lange so täuschen. Ich kenne Schriftsteller, die sich lebenslänglich über die Wirkung ihrer Bücher täuschen. Sie trauen ihnen die Vertretung des Autors zu; als nähme sich der unbekannte Leser nicht erst recht aus dem Buch nur das, was er brauchen kann. Andere Autoren wollen wenigstens sich selbst nicht mehr täuschen. Sie behandeln die Arbeit als das Gegenüber, auf das es ankommt. Sie leisten, was sie für ihre Schuldigkeit halten, auf dem Papier. Aus der Not ist, wenn schon keine Tugend, so doch ein beruflicher Anspruch geworden.

Natürlich ist es ein Mißverständnis, dem Autor den Schlüssel zu seinen Texten abzuverlangen. Hätte er den in der Tasche, hätte er gar nicht zu schreiben brauchen. Wohl möglich, daß er das Publikum mit den Geschichten, die ihm hinterher einfallen, in die Tasche steckt. Die Situation ist verführerisch: da hat sich der Sozialkontakt, für dessen Fehlen man sich mit Schreiben entschädigt hat, über diese Schrift hergestellt. Der Spaß über diesen Witz kann groß sein, aber man kann seiner auch müde werden. Der prominente Autor, dem durch seinen »Namen« jede reelle Umweltbeziehung abhanden kommt, ist keine Erfindung.

Schreiben begründet kein sicheres Verhältnis zu den eigenen Texten. Man gerät leicht dahin, seine Geschöpfe zu vergöttern und zu verraten. Gerade Text-Treue ist keine Tugend der Dichter. Sie wissen aus ihrer Arbeit: alles könnte auch anders gewesen sein. Es hätte ganz anders sein müssen! Auch fällt es findigen Lesern viel leichter als dem Autor, im Text Verdecktes aufzudecken. Von dieser Kunst leben ja ganze akademische

Branchen. Der Dichter glaubt nicht ans Notwendige in einem Text, er konnte ihn nur nicht besser machen.

19

Das Einzige, was die Dichtung dann doch nicht preisgibt, ist »ein Geheimnis den meisten«. »Den Stoff sieht jedermann vor sich, den Gehalt findet nur der, der etwas dazu zu tun hat, und die Form ist ein Geheimnis den meisten.« Die Form kann es *bewahren*, das Geheimnis ihrer Herkunft aus der Schwermut, und ihrer Bestimmung zum Glück. Indem sie an diesem Geheimnis hängt, wird sie, wo nicht schön, so doch eigentümlich. Die »Form« ist der Name für ein Paradox: für den Zugang zur Verschlossenheit der Dichtung. An dieser Stelle schwärmen die Bienen der Interpreten wie vor einem Glas. Was drinnen ist, ist zum Greifen fern; es scheint auch wieder »draußen«, wie der Blick durch Magrittes Baumstamm auf ein nächtlich helles Haus. Nur in seiner Exklusivität kann das Kunstwerk etwas wie Gemeinbesitz werden; und als solches kann es wieder nur vom einzelnen Leser gefaßt werden. Auch er kommt mit seinem Verständnis an kein Ende, und hat doch das Gefühl, wieder an einem Anfang zu stehen.

Ohne diese »Form«, die wiedergeschaffene Aura der Schöpfung, Walter Benjamins »nächste Ferne«, ist das Kunstwerk keines, nicht der Rede wert; als diese Form aber überlistet es die Rede. Für den Künstler, der auch als Person mitteilungsfähiger sein möchte, ist das kein guter Zustand. Sobald er den Schutz der Kunstgrenze überschreitet – und einmal wurden sie ja zum Überschreiten geschaffen –, sieht er aus wie einer, der von Gott verlassen ist. Die Geister, die er »beherrscht«, dienen ihm hier nicht; diejenigen, die ihm dienen würden, hat er nicht zu Hilfe rufen, höchstens »zitieren« gelernt. »Mein Fall ist in Kürze dieser« – da lachen vielleicht nicht die Schulmeister, aber die Götter und die guten Therapeuten. Wenn sie gut sind, wissen sie nämlich, daß »mein Fall« keine Kürze verträgt. In der Kürze der Form fehlt alles, was einen Menschen mit sich selbst versöhnen kann: freundliche Aufmerksamkeit, geduldige Körper-Besetzung, wohnliche Umgangsformen, Verzicht auf Zauber und Zauberwort.

Für meine Figuren mag ich diesen Aufwand wohl treiben. Wer's nicht hat, nur liebt, wird zum wachsamen Beobachter, zum intensiven Ausstatter. Dem Papiergeschöpf habe ich zugute kommen lassen, was ich entbehre. Sehr wahrscheinlich, daß ich mir bei meinem Kunst-Werk sogar das Bitten abgewöhnt habe. Jedenfalls rede ich vor dem Therapeuten so fließend, als hätte ich keinen Wunsch mehr. Dazu kann er ja nur Amen sagen. Kann die Not so groß sein, wenn ich sie so kunstgerecht äußere?

Wenn er etwas taugt, weiß er natürlich, daß sie gerade dann nahezu unheilbar ist. Der von seiner Form Entkleidete rettet sich in seinen Esprit: und der steht nun nackter da, als ein Körper je sein kann, weil er sich seiner Entdeckung schämt. Daß die Form nicht geholfen hat, steht allen Augen bloß. Der Geist gibt mit tiefer Scham bekannt: ich habe keinen Körper, der mich hüten könnte.

Mein »Amen«-Sprecher war ein guter Therapeut, es ist also nicht bei der Bloßstellung geblieben. Ich habe von ihm gelernt, daß mein Körper nicht so verloren war, wie mein Kopf ihn darstellte. Der Therapeut war kein Schriftsteller, aber sprachempfindlich – darum allergisch gegen eine Sprache, die sich unempfindlich stellt gegen ihr Leid. Er hörte auf meinen Körper, der anzeigte, wie ihm diese Verpackungsfolter bekam. »Mein Körper« – was für ein schreckliches Fremdwort schon dies. Warum nicht wenigstens: meine Knie, mein Hintern, mein Bauch? Die Wahrheit meiner schönen Sätze mag wohl so lauten, daß mir auf Erden nicht zu helfen sei. Die Körpersprache weiß es nicht so schön, aber besser. Sie drückt aus, daß ich mir nur zu gut geholfen habe und daß meine wortlosen Sprachformen dafür brave Waisen geblieben sind. Gebe die Therapie, daß sie endlich trotzig und widerspenstig werden und sich meines Lebens wehren!

Ein guter Therapeut hilft dazu, Hilfe wollen zu können. Er muß zu lesen wissen, was nicht in den Büchern steht. Das Ziel ist nicht die Entblößung, sondern die Unbefangenheit gegen die Blößen – die dann zu Stellen der Berührbarkeit werden. Was ich an Therapie bekommen habe, ist nicht herbeigeredet worden, aber es hat die Wörter auch nicht verachtet, sondern durchsichtig gemacht. Die körperliche Erfahrung mußte sich an ihre Stelle setzen. Wir Verbalen aus dem rhetorisch geprägten Abendland haben kathartische Erfahrungen zu unsern Wörtern nötig, wenn wir auch nur unsere Krankheit wahrnehmen sollen. Natürlich gibt es in der Therapie ein Geheimnis tiefer als die Form, als »ein Geheimnis den meisten«; es ist das Geheimnis, das jeder für sich behält.

20

Wortemachen als Selbstschutz: jeder Schutz wird drückend, wenn er seinen ursprünglichen (guten) Sinn überlebt. Dann droht er das Selbst, das er schützen sollte, abzuschnüren und von den Mitgeschöpfen zu isolieren. So viel gilt für jede Fehlhaltung, deren Gewinn sich mit Zeit und Entwicklung ins Gegenteil verkehrt. Die Literaturgeschichte wimmelt von mangelhaften Martyrien, und die Köpfe der Interpreten rauchen vom guten Willen, das Lebensgeschick der Schriftsteller zur Tragödie zu stilisieren, von Notwendigkeit zu schwärmen, wo nur das Handwerk des Lebens ungemeistert blieb. Die einfachste Kenntnis psychologischer und sozialer Grundtatsachen müßte es verbieten, den Dichtern so leichten Prozeß zu machen, wie es sich etwa zu meiner Studienzeit die »Kunst der Interpretation« einfallen ließ – der ahnungsvoll-ahnungslose Umgang mit den »Texten selbst«. Den hat dann die 68er Kritik rabiat vom Kopf auf die Füße gestellt – um ihrerseits den Dichter in einem psychoanalytischen oder marxistischen Code verschwinden zu lassen. Dazu soll man sein »Amen« sagen dürfen. Solche Ironie hat die Menschenliebe für sich. Schließlich ist das Leiden der Dichter für die Mehrheit der Menschen keine brauchbare Norm und also auch keine ehrliche Sorge. Ja: Therapie hat gegenüber der verkehrten Welt der Autoren i m m e r die Menschenliebe für sich. Die Frage ist nur: interessiert sich die Literatur für die Menschenliebe? Die Zwangshandlungen des literarischen Metiers wirken gegenüber Brot- und Butter-Fragen immer frivol.

Aber auch die moralische Erpressung der Kunst mit dem Elend ist kein Verdienst. Denn dieses Elend hat nicht die Kunst auf dem Gewissen. Nicht sie hat die Phantasie aufgebraucht, die beim Lösen sozialer Probleme gefehlt hat. Vom Lohn der Dichter wäre noch kein Armer satt geworden. Da lohnt sich schon die Frage, warum Literatur und Kunst als Sündenböcke so beliebt sind; warum gerade sie als der Luxus erscheinen, welcher den gewöhnlichen Mangel verhöhnen soll. (Kulturen wirklichen Mangels sehen sie übrigens nicht so.) Kunst oder Moral: ist es eine ehrliche Frage, die der Moralist in der Empörung seines Herzens aufwirft? Oder verbirgt sie ein Ressentiment des Homo faber gegenüber dem Homo ludens, das Moral nur vorschützt? Das vielmehr dem Verdacht gilt, die Kunst gönne sich Ironie auch über die Leistung? Und dem Gefühl, die Kunst mahne beim Nicht-Mitspieler ein Versäumnis an, das mit der Not in der Dritten Welt weniger zu tun hat als mit dem Problem der Kritiker?

Nichts gegen das Eingeständnis, daß Kunst und Elend, also auch Kunst und Therapie im Verhältnis tiefer Provokation zueinander stehen. Aber alles gegen diese Einsicht im Mund des Barbaren, wo sie aufhört, eine Sorge zu sein, und nie etwas anderes gewesen ist als Rechthaberei und Pharisäertum – unbelehrbar über den Zusammenhang von Spiel und Ernst. Denn der moralisch Aufgeregte tut nichts gegen die Not der Welt, er ist ein Teil dieser Not. Er benützt sie nur als Totschläger gegen den andern, der zum Feind wird, weil er *trotzdem* spielt, weil er deshalb nur noch spielen kann. Der Künstler braucht sich nicht zu verstecken vor dem Zeigefinger des Unfruchtbaren, dem kein Spiel ernst sein kann, und kein Ernst ein Spiel.

21

Meine Frankfurter Vorlesungen habe ich begonnen mit der Diskussion eines Buches, auf das ich öfter angesprochen werde als auf meine eigenen: »Mars« von Fritz Zorn. Die Taschenbuchausgabe mit dem Rabenmotiv lag auf vielen Pulten; die Rechenschaft des krebskranken Zürcher Gymnasiallehrers war auch in Deutschland zum Wahrzeichen einer Generation geworden. Ein Zeichen freilich, in dem man nicht »siegen«, aber die eigene Hoffnungslosigkeit vorweisen konnte.

Die Wirkung des Buches war und bleibt erstaunlich. Ein hochprivilegiertes Kind der Zürcher »Goldküste« demonstriert, daß es kein Kind sein durfte; wie es zuging, daß es nicht zum Leben kam; wie das Erwachen dieser Einsicht zusammenfiel mit der Krankheit zum Tode, ja an diese gebunden war. »Nur um den Preis des Lebens lernen wir / Die Kunst, das Leben recht zu brauchen«? Aber hier spricht keine melancholisch gewordene Weisheit, sondern der Trotz eines jungen Erwachsenen, der »Betrug« ausruft über die Vor- und Rücksichten, die ihm über dreißig Jahre lang als »Leben« verkauft worden waren, bis der drohende Tod ihn von dieser Depression befreit. Von dieser starken und schwachen Position schlägt seine zum »Zorn« gesteigerte »Angst« (sein bürgerlicher Name, er ist längst publik) auf das versäumte Leben zurück, und auf die als Versäumnis enttarnte Lebensordnung seines Milieus. Er will es so tödlich treffen, wie er sich selbst getroffen fühlt – treffen mit einem scharfen Diskurs gegen die Einrichtung der bürgerlichen Welt. Und gegen die mißratene Schöpfung überhaupt. An ihrem böswilligen Schöpfer will er zum Saboteur werden, in Umkehrung des biblischen Wortes, wonach man IHM tut, was man dem Geringsten unter seinen Brüdern widerfahren läßt. Zorn erklärt sich zum unwerten Leben und deponiert seinen Krebs als Giftmüll oder Zeitbombe unter dem schrecklichen Thron dieses Herrn.

Das Bürgertum hat diese Botschaft seiner Verurteilung empfangen. Dort am aufgeregtesten, wo, wie in Frankreich oder der Schweiz, die Lebensform der Bourgeoisie am ungebrochensten scheint. Und wo auch die Tradition des gebildeten Diskurses, der entwickelten Rhetorik am wenigsten angefochten ist. Denn »Mars« ist ein rhetorisch intaktes, unterhaltsam geschriebenes Buch. Es läßt in seiner Machart die Verzweiflung, von der es handelt, so wenig durchblicken wie der »Chandos«-Brief. Verglichen mit der Auswurf-Prosa der Maria Erlenberger oder den Phantasmagorien Achternbuschs hat der Inhalt die Form bei »Zorn« nicht im mindesten angegriffen und in Mitleidenschaft gezogen. Es ist Zürichberg-Prosa, in der zur Zertrümmerung des Zürichbergs aufgerufen wird. Und es kann zu denken geben, wie wenig dieser Widerspruch die Leser beschäftigt; daß er der Wirkung des Buches nicht im Weg gestanden, sondern sie erst ermöglicht hat. Die Tatsache, daß ein vereinzeltes Individuum seine Trotzleistung mit dem Tod besiegelte, war den Lesern Sensation genug. Sie haben kein Kunstwerk gelesen, sondern ein Manifest.

Diese Worte verraten mein schwieriges Verhältnis zu dem Buch. Ich habe mir diese Schwierigkeiten vor seinem Erscheinen verborgen und im Vorwort nur halbherzig durchblicken lassen. Der Kunst-Vorbehalt (ist das Kunst? und genügt sie als Kunst?) erschien mir selbst unzuständig angesichts der Notwendigkeit, dieses Manuskript zu veröffentlichen. Der Autor sollte die

Veröffentlichung, wenigstens die konkrete Aussicht darauf, noch erleben. Notwendig schien dem Verleger auch mein Vorwort, um die damals gering eingeschätzte Verbreitungschance des Buches zu verbessern. Aber auch ich selbst hatte es nötig, meine literarischen Kriterien zu desavouieren. Angesichts der Wirkung des Manuskripts, die ich an mir selbst empfand, schien es zu durchsichtig, warum ich sie ins Spiel brachte. Ich hatte es auch privat nötig, dieses Vorwort mit allen Beweisen apodiktischer Teilnahme auszustatten, denn ich war dem damals noch lebenden Autor diese Teilnahme schuldig geblieben. Ich wollte dem Kranken nicht begegnen; umso eifriger war ich, etwas »für ihn« zu tun.

Das Bedürfnis, mich von einer Krankheit abzusetzen, die in meinen eigenen Lebensängsten eine Schlüsselrolle gespielt hat, wird dem genauen Leser auch als *unterdrücktes* Bedürfnis erkennbar bleiben. Mein Vorwort biegt den Krebs in einen allgemeinen Befund um, eine Kulturtheorie oder Zivilisationskritik. Ich glaube freilich noch heute, daß diese Interpretation, die ja nicht mein Einfall und auch nicht derjenige »Zorns« war, viel Wahrscheinlichkeit für sich hat. Krebs als Ersatz-Wachstum der Zellen (ihren »Wahnsinn«, nach Wilhelm Reich), wenn die Person heimlich an ihrem eigenen Wachstum verzweifelt ist; die Aufhebung der Immunität des Organismus und seine Selbstzerstörung, zu deren Entfaltung dieser Organismus selbst die heimliche Erlaubnis gegeben hat – dieses organische Äquivalent der Depression hat eine schreckliche Evidenz. Man glaubt es leicht – ich glaube es leicht, daß der Krebs *die* protestantische Krankheit sei, ein Todesurteil des verinnerlichten Über-Ich über das unter unmenschlichen Geboten erstarrte, von eigenem Ungenügen gelähmte Individuum.

U n d ein Aufstand des Es gegen dieses Über-Ich. Wobei die Kontrahenten im Kampf miteinander nicht mehr zu unterscheiden sind, weil jeder Sieg auf Kosten des gepeinigten Ich und seiner physischen Existenz geht. Eine »bösartige« Krankheit allerdings – wenn auch nicht durch ihre Unerklärlichkeit, sondern durch ihre Plausibilität. So muß sie aussehen, die neue Seuche einer Zivilisation, die die Unterdrückung der Triebe honoriert, die Geißel bürgerlicher Völker, die tüchtig sind auf eigene Kosten. Und so – oder nicht? – muß erst recht die Krankheit des bürgerlichen *Künstlers* aussehen, der auf diesem Boden der Ersatz-Wirtschaft *nochmals* Ersatz produziert, Impotenz in Potenz. Daß Susan Sontag in »Illness as Metaphor« die Krebskrankheit auf dem Niveau der Bezeichnungen ihrer Geschichte und ihrer kulturellen Interpretation angreift, hat Logik – und es ist nur zu hoffen, daß die Krankheit sich durch diesen Einwand geschlagen gebe. Ich fürchte es anders. Ich glaube, daß die unglückliche Verschwörung, zu der sich Kopf und Zelle – das komplexe und das elementare Organ menschlichen Lebens – gegen das physische Überleben verbünden, nicht durch eine semiologische List aufzulösen, sondern nur durch das Eingeständnis dessen, was mir fehlt, zu entkräften ist. Meine Erfahrung muß mir sagen, mit körperlicher Überzeugungskraft, warum ich die Angst vor dem Tod, also: die Angst vor dem Leben, nicht mehr nötig haben soll.

Ich sehe heute besser als vor ein paar Jahren, daß ich mich durch jenes Vorwort von meiner Angst loszukaufen suchte. Ich habe darin um mein Leben gekämpft und schäme mich der Tatsache nicht – nur der verdeckten Karten, mit denen ich dabei gespielt habe. Meine Solidarität mit »Mars« ging nur in Ersatzhandlungen weit;

sie verbargen, daß ich mich durch dieses Entgegenkommen inhaltlich salvieren wollte; und sie verbargen erst recht – oder ließen nur als ästhetische Kritik durchscheinen –, daß ich mich nicht nur gegen das Buch wehrte; daß ich es nicht mochte. Heute würde ich jenes Vorwort nicht mehr schreiben. Aus mehreren Gründen. Der klarste: der Bestseller kann es gut entbehren. Jeder Schein von Patronage ist angesichts dieses Erfolgs unhaltbar geworden. Dabei hat die Rezeption des Buches auch seine Qualität verändert. Aus dem einsamen Lebens- und Todesbericht ist eine Projektionsfigur, ja ein Mythos für eine ganze Generation geworden. Sie nimmt »Mars« nicht mehr nur eine gesellschaftliche Krankheitseinsicht ab. Sie findet darin die tröstlich-summarische Schuldigsprechung der Eltern. Ein scheinlebendiges Milieu darf verantwortlich gemacht werden; das ist ein Freibrief für die eigene Hoffnungslosigkeit.

22

»Mars« ist ein autistisches Buch; er kennt keine Liebe zur Einzelheit. Sein Angriff kümmert sich nicht um Verluste – auch nicht: um die Wahrnehmungsverluste des Autors. Man muß ein Buch wie Maja Beutlers »Fuß fassen«* daneben halten, um mit Händen zu greifen, was Trauerarbeit sein könnte: Auseinandersetzung mit der eigenen Sinnlichkeit, Sprechen*lassen* der Phantasie (zuerst, aber nicht allein, der Angst); Antwort auf die Krankheit, die als Frage nicht nur ernst, sondern genau

* (Zytglogge Verlag Bern, 1980)

genommen wird. Antwort als Verantwortung für den Sinn jedes Satzes, in dem der Sinn des eigenen Lebens auf dem Spiel steht. Maja Beutler weiß nicht, ob sie leben wird; aber daran versäumen will sie nun nichts mehr. So wird ihr Buch zum Zeugnis für das Leben, und flößt auch den Figuren ihrer Sprache Leben ein. Es sind keine rhetorischen Figuren darunter, und, wenn sie Menschen zeigt, keine Schießbuden-Figuren. Vor dem möglichen Ende einer persönlichen Welt wird keine Plakatwand aufgerichtet, sondern ein Baum gepflanzt.

»Mars« tut auf den ersten Blick mehr: er macht einen Fall aus sich, am Ende sogar einen gefallenen Engel. Er beansprucht, gegen eine Kultur zu sprechen – er ist der Beweis gegen diese Kultur und ihre Lebensfähigkeit. Aus der Repräsentativität seines Mangels zieht er kein Selbstgefühl, aber Wichtigkeit. Ein Schatten von Allmacht schwebt über seiner Ohnmacht. Er zeigt eine grandiose Maske vor, die darüber täuscht, daß er sein Gesicht nicht gefunden hat. In diesem Lehrtheater ist kein Raum für andere als schneidende Wahrheiten. Was die Schärfe des Urteils – des weitergereichten Todesurteils – mildern könnte, steht nicht da. Nichts von seinem Bruder, nichts von den Schülern, mit denen »Zorn« seine spanischen Farcen aufgeführt hatte, nichts von den Puzzles, für die er berühmt war, nichts von den Kollegen, mit denen er gefeiert hatte, von den Freunden, ihren Kindern; nichts von der Maske des spanischen Granden, in der er eine keineswegs unauffällige Figur gemacht hatte. Schon gar nichts von der fortbestehenden Mutter-Bindung, und nichts – außer dem nackten Faktum – von seiner Psychotherapie. Deren Ausführung wäre ihm nach eigener Aussage zu »schwierig« gewesen. Dabei scheint ihm nicht aufzufallen, daß er in den Sprachgebrauch seines Elternhauses verfällt. Viel »schwieriger« muß es aber gewesen sein, dieser Therapie nichts zu verdanken – nichts außer dem Verzicht auf Rücksicht auf seine Herkunft, seine Familie. Aber er hat es geschafft, beim »Zorn« stehen zu bleiben – er *wollte* es so. Das ist die eigentümliche Leistung dieses Buches: einzufrieren in der Anti-These; einen Menschen auf seinen Trotz zu reduzieren. Diese Schwundstufe des Lebens ist der Reiz, auf den die verzweifelten Bürger-Kinder gesprungen sind. Nur so war die Absage an die Eltern umfassend genug zu bekommen, und damit auch die Entlastung von der eigenen Verantwortung. Zugleich blieb die Schärfe in ihrer Abstraktheit dem bürgerlichen Ritual verbunden, das sie so heftig angriff. Der Dandy, der den Abfall vom Bürger leibhaftig darstellt, gehört eben als Gegen-Bild dem bürgerlichen Universum an. »Mars« bietet die Einladung zu einem Spiel im Sinne Bernes, das man auf die Formel bringen könnte: look what you made me do. Das Kind, das so spricht, weiß, daß es seine Eltern durch nichts schöner schuldig machen kann als durch seinen Tod. Es ist der leibhafte, krebsbefallene Beweis, daß sie, die immer alles »richtig machen« wollten, gefehlt haben. Gefehlt hieß einmal: sie waren nicht da. Jetzt soll es heißen: sie haben Schuld.

23

Daß die »Jugend«-Unruhe gerade in Zürich aufgebrochen ist, kann man als Leser »Zorns« nicht mehr für einen Zufall halten. »Mars« hat die Lawine nicht losgetreten, aber er hat sie prophezeit – cito et velociter. In diesem Buch und seinem Kult zeigt sich nicht nur die Stimmung einer Generation, sondern die Lage einer Kultur.

Als ich in Frankfurt vorlas, gab es die Zürcher Jugendunruhe noch nicht, war sie, gerade in Zürich, unvorstellbar. Die zerbrochenen Schaufenster, das zerstörte Chagall-Fenster (»Hoffnung«) im Fraumünster sprechen keine hierorts bekannte Sprache. Der Bildersturm der Reformation ist lange her, und um das Reine Wort scheint es sich diesmal nicht zu handeln. Für den Wunsch nach »Autonomie« gab es buchstäblich keinen Raum im Zürcher System. Die Behörden verziehen es den Aufständischen, aber auch sich selbst nicht, daß sie »der Straße« eine Weile nachgegeben und ihr eine ausgediente Fabrik zur Verfügung gestellt hatten. »Frei« war diese Verfügung nie, das Ende des Zusehens steckte schon im Anfang, dem man nicht hatte wehren können. Nachdem das »autonome Zentrum« die Sozialfälle magnetisch angezogen hatte, deren die Sozialpolitik nicht hatte Herr werden können, war der Vorwand bald gefunden, das Entgegenkommen polizeilich zurückzunehmen. Die Unruhe sah sich wieder auf die Straße geschickt und wurde da erst recht zur »Bewegung«. Die Erwartung, sie werde sich in der Kälte verlaufen, erfüllte sich nicht. Im Gegenteil, die winterliche Szenerie wurde gewissermaßen zu ihrem Mitdarsteller, das Medium zum Teil der Botschaft (»Eisbrecher« hieß ihr erstes (»Un«-)Organ).

Die Spaltungsprozesse, die die Jugendlichen in de Gesellschaft auslösen, reichen tiefer als anno 68. Denn diesmal *wissen* die Angegriffenen, was der Angriff soll. Man braucht keinen dialektischen Kopf dazu, die Unruhe zu fühlen, und die dialektischen Köpfe spielen in der Bewegung auch keine Rolle mehr. Sie erhebt selbst keinen Anspruch auf Widerspruchsfreiheit, hängt keiner revolutionären »Einheit« nach und ist eben darum so schwer zu spalten. Sie ist nicht einmal passend zu bezeichnen. Eben darum ist sie auch nicht recht als »fremd« zu disqualifizieren. Was sie angreift, ist bekannt: jeder weiß Bescheid, der sich in seiner Freizeit so wenig wirklich frei fühlt wie an seinen Arbeitsplatz wirklich gebunden. Unvertraut ist nur, daß eine gesellschaftliche Gruppe nach diesem Gefühl handelt. Und was ihr zu einem zielgerichteten Handeln fehlt, was dieses Handeln um so viel aggressiver macht, ist der schwindende Sinn in den Zielvorstellungen der Industriegesellschaft – also alles andere als ein Jugendproblem. Die Behauptung, man müsse etwas leisten, um sich etwas leisten zu können, ist an beiden Enden leer geworden. Sie kann nur noch als ökonomischer Imperativ erhoben werden, nicht mehr als zivile Vernunft. Ein System, das von seinen Teilnehmern zugleich beherrschte Arbeit und hemmungslosen Konsum erwartet, ist verrückt und geht in die Luft, wenn es nicht gelingt, seine Subjekte auf die Stufe der Gefühllosigkeit zu drücken. Wir wissen alle, daß unsere Entmündigung nicht gelingen darf, aber ebenso haben wir alle sehr gute Gründe, uns mit ihr zu arrangieren. Fast alle. Den Jugendlichen sind die guten Gründe ausgegangen. Sie weigern sich, das Erbe unserer Sachzwänge anzutreten. Sie mögen uns Unrecht tun, aber haben sie nicht recht?

24

In der Vorweihnachtszeit 1980 ist in der gelobten Stadt Zürich nicht nur Unerwartetes, sondern auch Unwiderrufliches geschehen. Eine junge Frau hat sich auf dem Bellevue-Platz selbst verbrannt; in ihren hinterlassenen Papieren brachte sie ihre Tat mit dem Autonomen Jugendzentrum (AJZ) in Verbindung, das ihr vor seiner Schließung als Zuflucht gedient hatte. Während eines der folgenden Polizeieinsätze verletzte sie sich das Bein; die Tränengas-Behandlung bekam auch ihrem Asthma nicht – schließlich setzte sie (»ich meine es ernst«) ihr Leben als Zeichen absoluter Not ein. Ihr Tod wurde zuerst totgeschwiegen. Später stellte ihn ein Polizeicommuniqué als Spezialfall privater Verzweiflung dar, leugnete die Verbindung zur »Bewegung« und stellte lieber eine zur Drogenszene her, als wäre damit etwas gewonnen und erklärt – oder anders erklärt, als es Silvia Z. selbst getan hatte.

Die Sprachregelung um ihren Tod zeigte einen Tiefstand öffentlicher Kultur an, mit dem auch harte Kritiker Zürichs nicht gerechnet hatten. In den Augen junger Leute half gegen so viel betonierte Selbsteinsicht nur noch Gewalt, auch wenn sie frei schien von jeder rationalen Erfolgserwartung. Gerade so war sie freilich bisher »stark« gewesen – nicht beim Mitreden in politischen Gremien, aber im Setzen von Zeichen.

Eine gestörte Debatte im Schweizer Fernsehen war ein solches Zeichen. Ein als »Herr und Frau Müller« verkleidetes Paar diskutierte auf eine Art mit den Vertretern der Staatsmacht, daß die Unmöglichkeit des Diskurses ins Auge sprang. Sie spielten zwei hartgesottene Reaktionäre, die an den Maßnahmen der Behörden die Härte zu vermissen vorgaben, für Gestapo-Methoden und summarische Exekutionen eintraten – darauf gab es, im Rahmen fernsehgerechten Gesprächs, keine Antwort. Die Macht hätte diesen Rahmen sprengen müssen durch Phantasie, wozu sie weder bereit noch vorbereitet war und sich in Beleidigung rettete. Hatte die »andere Seite« nicht bewiesen, daß man mit ihr nicht reden konnte? Sie hatte vielmehr demonstriert, daß sie das Spiel »Andere Seite« nicht akzeptierte – damit war mehr über das Problem ausgesagt als durch geschliffene Antworten. Sie hatte die staatlichen Kontrahenten damit aber auch radikaler, humaner provoziert als durch Klagen, deren formale Widerlegung den Behörden, wie immer, leichtgefallen wäre. Diesmal genügte es nicht, recht zu behalten, ein Gesicht zu retten, den Staat darzustellen – man hätte, wenn man schon nichts tun konnte, wenigstens etwas sein müssen, hier und jetzt. Die »Müllers« hatten eine Fernsehsendung gesprengt, das war unverzeihlich – oder steckte die Zumutung im gläubigen Konsum vorfabrizierten Bildschirm-Proporzes? Sie hatten das gesunde Volksempfinden der Müllers verhöhnt – aber hatten sie ihm Unrecht getan?

Auch eine sogenannte »Telearena«-Sendung, in der Anouilhs »Antigone« als Aufhänger für eine Diskussion zivilen Ungehorsams dienen sollte, löste einen solchen Ablehnungs- und Wiedererkennungsschock aus. Die anwesenden, nicht ohne solide Gründe geschminkten oder verkleideten »Bewegungs«-Leute zerstörten das zur Folgenlosigkeit bestimmte Hin und Her der Meinungen durch fastnächtlichen Lärm und Commedia-dell'arte-Einlagen, die den gutwilligen Gesprächsleiter zu immer neuen, immer wieder unhaltbaren Ultimaten provozierten, bis er die Sendung abbrach. Eine enorme

Störung des Fernseh-Bildes, aber auch eine wirkliche Live-Sendung. Die Mattscheibe brach für einmal unter den Widersprüchen, denen sie einen wohnzimmerfähigen Rahmen geben sollte, zusammen. Die Bilder aber hafteten: Wolken von Seifenblasen, die die Voten eines für seine Law-and-Order-Maßnahmen berühmten Erziehungsdirektors begleiteten; die gehemmte Gestik eines privaten Daten-Sammlers und Linken-Jägers, die ein geschminkter Narr hinter seinem Rücken parodierte. Über solche Bilder empört sich, wer muß, aber sie sind unwiderlegbar. Sie sprechen nicht nur für sich, sondern für alles, was im täglichen Medien-Theater unterschlagen wird. Die Störung eines Codes demonstrierte, was System-Zerstörung bedeuten kann: Entlarvung eines zerstörten Systems, dessen Intaktheit Schein ist. Sie waren nicht gesprächswillig, die Leute, denen man die Sprache entzogen hatte; sie ließen sich nicht auf das bagatellisierende Spiel »Seite« und »Gegenseite« ein. Sie gaben zu erkennen, daß es zur Verkümmerung der Gefühle kein »Anderseits« gibt. Sie, die so lange die Dummen wohlbegründeter Behörden- und Sozialmaßnahmen gewesen waren, stellten sich endgültig dumm. Da sie, nach ihrem eigenen Verständnis, »nichts zu verlieren haben« (nicht einmal ihre Ketten), dürfen sie den Kaiser nackt nennen. Sie ordnen zum Gespräch über seine neuen Kleider keine »Sprecher« mehr ab. Sie geben sich »sprachlos«, in-fans, als Kinder, und machen eben so sichtbar, daß sie gebrannte Kinder sind. Das »Kindchenschema« löst unter Tieren gleicher Art Beißhemmungen aus – etwas davon bekam man gelegentlich auch bei hartgesottenen Bürgern zu spüren. Man möchte ihre Härte als verzweifelten Selbstschutz, als Flucht nach vorn interpretieren – unter Tieren könnte man hoffen.

Leider ist unter Menschen, deren Zivilisation mit so viel Triebunterdrückung und Glücksverzicht erkauft werden muß, nicht viel Verlaß auf Aggressionshemmung. Die Tatsachen (nicht nur in Zürich) lassen befürchten, daß die Spiel-Entwöhnten den Spielfähigen ihre Verzweiflung zu fühlen geben und daß es nicht bei Tränengas und Gummigeschossen bleibt. Wer nicht hören will, läßt die andern fühlen.

Wer vermutet, daß einer ärgerlichen Zivilisation nur durch das offenbare Ärgernis beizukommen ist, wird nicht nur wehe schreien über den, durch den das Ärgernis kommt. Die Prügel, die die Jugendlichen für ihren Aufstand bezogen, haben sie nicht von der Chance der Friedfertigkeit überzeugt. Sie haben ihnen aber eine Identität gegeben, die sie sich von Sittenrichtern der Gewaltlosigkeit nicht nehmen lassen. Denn diese Straßen-Identität muß ihnen statt einer Heimat dienen. Das wird sich auch nach dem Bezug jener alten Fabrik an der Limmatstraße nicht so ändern, wie es sich die guten Rechner Zürichs vorstellen. Solange Wohnungsnot im konkreten und übertragenen Sinne herrscht, wird die Gesellschaft sich selber schuldig bleiben, was sie den Jugendlichen als Konzession mehr oder minder knirschend zugesteht. Dieser Zusammenhang wird nicht untergehen, wenn die Jugend »ihre« Häuser beziehen kann. Er wird durch die Art, wie sie sie bewohnt oder »besetzt«, erst recht plakatiert werden als zentrales Sozialproblem, das nur die Marginalen anmelden konnten. Ich wünsche meinen eigenen Kindern, daß die Jugendhäuser als Versuchsstationen der Zukunft Beweiskraft gewinnen. Angesichts der Tatsachen, die die Jugendlichen nicht geschaffen haben, und angesichts der selbstmörderischen Dispositionen der »entwickelten« Gesellschaft, kann ich dem Lebenswillen keine Kompromißbereitschaft wünschen. Seine Praxis wird die Illusionen ohnehin herabstimmen; der Abwiegler wird es dazu nicht bedürfen.

Ich bin gar nicht sicher, daß die Sache mit der »Autonomie« gut ausgeht. Aber diese Unsicherheit möchte ich riskieren – im Gegensatz etwa zur Sicherheit, die die Atomwerke im Ernst nicht versprechen können, dafür aber, ohne Rücksicht auf Menschen- und Bürgerrechte, im Ernst vorschreiben. Der sichere Bürger, den sie gleich dazu vorschreiben müssen, wäre, wenn es ihn geben könnte, das Ende der bürgerlichen Freiheit. Da es ihn aber nicht geben kann, wird dem real existierenden Bürger das Risiko seiner Selbstzerstörung zugemutet – unter dem Vorwand seiner Sicherheit. Es gibt Sicherheiten, die uns Bewegung verbieten, und Unsicherheiten, die uns Bewegung erlauben. Für diese Bewegung gibt es weder Garantie noch Pflichtenheft, das Gesetz, in dem sie nicht vorgesehen ist, kann sie nicht legitimieren. Sie ist ein Wagnis, ein Weg, den man gehen muß, um seine Gangbarkeit zu prüfen. Wir müssen so frei sein, diesen Weg nicht ungangbar zu nennen, bevor wir ihn betreten. »Jugendbewegung – wie weiter?« lautete das Motto einer Tagung, an der ich teilgenommen habe; eine vorsorgliche, darum unzureichende Frage: als ginge der Anspruch, die Zukunft verwaltungsmäßig im Griff zu haben, dem Anspruch vor, sie zu erleben. Ich möchte erleben, was aus der »Jugend«-Bewegung wird, wieviel Autonomie sie sich leisten kann; ich möchte es erfahren im eigenen Interesse, ohne klammheimliche Freude, mit offener Zuversicht.

»Mars« scheint, als ausformuliertes, hoch-stilisiertes Schreib-Werk, der Straßen-Unruhe aufs äußerste entgegengesetzt. Und doch kommuniziert das Buch untergründig mit ihr. Wohl ist es in der Sprache seiner Kreise verfaßt, aber es treibt diese Sprache auf die Spitze, wo sie brechen muß. Es demonstriert noch durch seine Verhaftung in ihr seine Gefangenschaft, und diese ist kein privater Befund mehr. Sein guter Stil ist *abgeschrieben*, in jedem Sinn des Wortes. Die Ereignisse haben den Befund Unheilbarkeit bestätigt, den es nicht nur ausspricht, sondern vorführt. So einsam, wie sich dieser Mensch darstellt, bis zur Ausklammerung aller mildernden Umstände, so einsam und verlassen fühlen sich die Kinder der guten Schweizer Gesellschaft in der Tat. Daß der »gute Stil« ein hilfloses Beiwerk ist, von dem sie absehen, um sich ihre Botschaft ohne Umschweife herauszunehmen, gilt ihnen für so ausgemacht wie dem Akademiker »Zorn«, der mit diesem Stil aufgewachsen, aber nicht erwachsen geworden ist und ihn in seinem Todesbuch zum Zeugnis macht wider sich selbst. Es mag kein Werk der Weltliteratur sein. Aber es ist ein Buch, das ein Erdbeben anzeigt und, angesichts einer betonierten Gesellschaft, auf dem Erdbeben besteht. Erdbeben bedürfen keiner »Einführung«. Ich würde zu Mars kein Vorwort mehr schreiben.

25

Literatur als Therapie? Es scheint nicht so, als ob dies ihr Sinn, ja auch nur ihr Zweck sei; jedenfalls nicht für ihren Erzeuger. »Mars« kann Fritz Angst, der sich Zorn nannte, weder besser leben gelehrt noch ruhiger sterben geholfen haben. Sein Zorn hat nicht Entlastung gesucht, sondern Ausdruck – es ist keine heilsame Vorstellung, daß dieser Ausdruck stärker sein kann als Leben und Lebenswunsch. »Die Wahrheit ist, daß mir auf Erden nicht zu helfen war« – wenn in der größten und kühnsten Kunst ein Heil zu suchen wäre, hätte es der Dichter der »Penthesilea« und des Marionetten-Aufsatzes finden müssen. Aber alles spricht dafür, daß er etwas Anderes und Verstörendes suchte: den kräftigsten Ausdruck seiner Heillosigkeit. Kleist war aber ausgezogen, »den sichern Weg zum Glück« zu finden, wie die erste Prosa-Arbeit des Jünglings lautete. Planmäßig wollte er dabei vorgehen; umso furchtbarer ist die Beweiskraft des Widerspruchs, der ihn dahin führte, wo er nicht wollte: in die Verzweiflung an der Hoffnung – ja, in die gefühlsverwirrende Einheit von Verzweiflung und Hoffnung, die er in zwingender Erfindung gestaltete. Saul war ausgezogen, eine Eselin zu suchen, und fand ein Königreich: in Kleists Lebenszeugnissen begegnen wir immerfort schauerlich-rührend dem Wunsch, das höllische Reich vollendeter Widersprüche, in dem er nicht herrschen wollte, gegen die verlorene Unschuld einzutauschen. Ein Feld zu bestellen, einen Baum zu pflanzen, einen Sohn zu zeugen: dieses Glück war ihm verboten, es verbot sich angesichts der Vaterschaft für die monströsen Hirn- und Herzgeschöpfe, die ihm aufgegeben war. Seine Produktivität kann für ihn nichts Erlösendes gehabt haben, er bestritt damit nur das Gefühl seiner Unfruchtbarkeit. Es ist eine beklemmende Vorstellung, daß seine Arbeit in seinen Augen fortfuhr, für seine Unfruchtbarkeit und gegen seine arme Seele zu zeugen. Kunst als Flucht aus einem unerträglichen Leben in eine zwanghafte Figuren-Welt und schließlich in einen planvoll inszenierten Tod; eine Flucht nach vorn in den radikalsten möglichen Ausdruck des Unglücks, der das Unglück kunstmäßig vollendete; eine Lebensarbeit, die, bei ungeheuerlichem inneren Umfang, wegwerfend geleistet, wie Abfall behandelt wurde, weil sich ihre Wahrheit immerfort wie eine einzige Lüge ausnahm angesichts des Glücksverlangens, dem sie zum *Ersatz* diente: das ist nach allen Regeln der Heilkunst ein heilloser Lebenslauf. Was an ihm lebendig ist – was den Eindruck glühenden Lebens erweckt –, ist Ausdruck zerstörter und mörderischer Lebenserwartung. Gesucht hat ihn Kleist nicht, aber gefunden – und, da man so nicht finden kann, was man insgeheim nicht suchen mußte, wohl auch gesucht. Der Schatten über Kleists Werk wird von einem starken Licht geworfen, aber es glüht, ohne zu wärmen. Es wäre ein Hohn auf das Unglück, es zu verwechseln mit Aufklärung und Menschenliebe. Es nährt sich aus verworfener Selbsteinsicht. Es lebt davon, daß sein Urheber mit sich selbst nicht zu leben verstand.

Die Kunst mag träumen, wie Adrian Leverkühn, vom Du und Du mit der Menschheit – aber sie handelt so wenig danach wie er. Sie gleicht einem Exorzismus, bei dem die auszutreibenden Geister erst recht sichtbar werden und an Macht über die Seele eher zu gewinnen scheinen. Allen Beteuerungen zum Trotz, daß diese Seele es anders will, führt sie vor, daß sie es anders nicht wollen kann. Dabei kann die souveränste Phantasie zusammenbestehen mit der tiefsten Ahnungslosigkeit über die Gründe der Krankheit. Ja, die Kunst-Einsicht ist Ausfluß dieses Unwissens, das gegen besseres Wissen verteidigt, festgehalten wird. Da liegt denn der Verdacht mehr als nahe, daß dieses Unwissen unentbehrlich, daß es ein Werk gezielter Verdrängung ist oder wird – weil die Quelle der Produktivität nur als dunkle weiterfließt und ausdrucks-fähig bleibt. Wer diesen Konflikt zum Schreib-Beruf gemacht hat, wird um dieses Unwissen besorgt bleiben, wie der Analyse-Widerstand der Künstler beweist. Er wird die Lebensbedingungen seiner Kunst im Grenzfall gegen den eigenen Lebenswunsch schützen. Die Kunst und ihre Erfindungen sind an die Stelle des verdrängten Lebenswunsches getreten und ersetzen ihn, ohne über seinen Ersatz-Charakter ganz zu täuschen. Sie sind gerade darin Kunst, daß sie durchsichtig bleiben auf das Vermißte. Aber dieses selbst, in seiner schwarzen Tiefe, bleibt undurchsichtig und darum uneinholbar. Diese Kunst – *die* Kunst? – ist *de profundis* Anti-Therapie; der Eindruck des Gegenteils kann nur dadurch entstehen, daß die Krankheitseinsicht vollkommener *scheint* als in jedem psychiatrischen Lehrbuch. Aber dieser Eindruck unterschlägt die Hauptsache: daß die »Krankheit« so plastisch nur werden kann, wenn sie der Berührung durch den Kranken entzogen, wenn sie in diesem Sinn unheilbar geworden ist. Der stärkste Ausdruck eines Mangels ist nicht zu trennen von der noch tieferen Unfähigkeit – oder: Unwilligkeit –, den Mangel zu beheben; es ist die Verzweiflung an der Hoffnung, die die buntesten und bewegendsten Bilder der Hoffnung erzeugt.

26

»Warum schreibe ich?

Diese Frage jetzt so persönlich zu stellen, heißt natürlich: sich exponieren – die Antwort dem Verdacht bloßstellen, die am Beispiel ›Mars‹ angestellten Vermutungen seien am Ende nur auf die eigene Mühle geredet gewesen, Verkleidungen meines Problems. An diesem Eindruck wird sich noch etwas korrigieren. In der Hauptsache kann ich ihn nicht widerlegen. Das wäre verlorene Mühe – und ersparter Aufwand. Ich rede auf meine Mühle, denn ich wohne darin, schlecht oder recht lebe ich von meinem Mahllohn. Was ich Ihnen über Literatur vortrage, würde nicht sachlicher dadurch, daß ich mein persönliches Interesse unterschlage, nur undurchsichtiger. Natürlich entspricht, wovon ich hier rede, meiner Erfahrung; sonst lohnte es sich nicht, davon zu reden. Wer – nicht leichten Sinnes – Literatur und Therapie auseinanderdividiert, muß von der Erfahrung reden, die ihn diesen Riß hat bemerken lassen, und offenlegen, wie er damit lebt. Er muß von sich selber reden, auf die Gefahr hin, daß er die Beweiskraft seiner Krisen überschätzt; das Urteil darüber steht bei Ihnen. In eigener Sache gibt es keine Indiskretion, nur Offenheit. Diese bin ich natürlich nicht Ihnen schuldig, aber mir.

Ich stelle mir – und mich – vor: das Kind einer Krankenschwester und eines sechsundzwanzig Jahre älteren Lehrers, der, nahe seiner Pensionierung, oft als der Großvater des Kindes angesprochen wurde und aus Schamgefühl auch eine Haus-, nicht eine öffentliche Taufe mit dem Nachzügler veranstaltete. Wie erwünscht er ihm gewesen sein mag, werde ich nicht mehr erfahren. Ich schließe nur aus der Unschärfe seines Bildes, daß er Distanz gehalten hat, und aus den viel späteren Klagen meiner Mutter, daß er, außerhalb seiner Schule, und nach einer stürmischen früheren Ehe, eigentlich kein Kind mehr gebrauchen konnte. Anfechtungen hatte er sonst genug: er entwickelte in der privilegierten Umgebung des Zürcher Villenvororts, der bei seinem Einzug um die Jahrhundertwende noch ein Weinbauerndorf gewesen war, einen leicht verletzten Stolz, bei dessen Aufrichtung ihm sein Gott behilflich war. Das war ein richterlicher Gott, der sich der klaren Augen des Lehrers zur Unterscheidung von Schwarz und Weiß, Tugend und Sünde bediente und ihm zu einer Herrlichkeit verhalf, von der die bloß materiell Begünstigten nichts wußten. Als Redaktor des Gemeindeblattes machte er die für ihn bittere Erfahrung, daß sie davon immer weniger wissen wollten. Gegen solche Kränkungen wappnete er sich durch die Einrichtung einer andern Welt, in der alles mit rechten Dingen zuging. Er schrieb Geschichten, die in der ländlichen Gegend seiner Kindheit angesiedelt waren. Dieses imaginäre Zürcher Oberland war der Schauplatz fortwährender Kämpfe zwischen weltlich Starken und Schwachen, die Gott stärkte und die sein Knecht, mein Vater, am Ende triumphieren ließ. Mit den Jahren gab seine Schwarzweißmalerei den Grautönen immer weniger Raum. Die Figuren, die zwischen Verdammnis und Erlösung eine Weile ehrbar irren durften, verschwanden aus seiner Welt; meine Kindheit fällt zusammen mit dem Ende seiner Versöhnlichkeit. Da er sich an mir nicht stoßen wollte, erinnere ich mich nicht daran, daß er mich angefaßt hätte: außer, wenn er mich für eine Photographie auf den Arm nahm. Schreiben hören kann ich ihn noch: schon damals war das Klappern der Schreibmaschine fast die einzige Gegenwart des Vaters. Sie dient als Einschlafzauber, also muß die Tür zum Wohnzimmer, das damals noch Stube hieß, einen Lichtspalt breit offen sein. Und weil das Kind auch schon seine Ruhe braucht, muß es drüben, bis auf die Schreibmaschine, geräuschlos zugehen. Das sind die Abende der Kindheit: Tastenschlag und Flüstern. Manchmal ein frommes Lied auf dem Klavier: So nimm denn meine Hände, oder: Zu Straßburg auf der langen Brück, da fing mein Trauern an. Oder: S hät emal en Vogel gsunge i der Hoschtet vor em Huus, oder Vaters stärkstes Gefühl: s Heiwehland.«

27

»Zu dieser Ruhe gehört eine Frau, die Mutter. Der alte Lehrer hat sie im Wunsch nach Frieden geheiratet, etwas Frieden des Fleisches mag dabei gewesen sein, obwohl Mutter heute alles, was mit dem Fleisch zu tun hat, haßt oder heilig nennt. Sie ist immer noch stolz darauf, daß sie ihrem Mann einige Jahre Ruhe und Ordnung habe schenken können. Dazu gehörte, daß sie nicht fragte, wenn er schrieb, sondern seine Kleider flickte; dazu gehörte natürlich auch, daß sie das Kind, wenn es doch einmal schrie, aus seiner Nähe entfernte. In der Dreizimmerwohnung saß man eng aufeinander, so kam ich, gut verpackt, zu frischer Luft, nachdem mir die Vorzugsmilch, die sie von weit her holte – sie stillte mich nicht lange –, hoffentlich alles gegeben hatte, was ich brauchte. Die Mutter war Krankenschwester gewesen, bevor sie spät und nicht ohne Widerstände geheiratet hatte – sie hatte geheiratet, um Mutter zu werden, jedenfalls schwört sie, daß sie sich ohne die Aussicht auf ein Kind nie hätte heiraten lassen. Es hatte sie schon mancher gewollt, aber eigentlich wollten die Männer, besonders die gleichaltrigen, ja etwas ganz anderes, das spürte sie, und dafür war sie sich zu gut. So nahm sie ihn in

Gottes Namen, den viel älteren Mann; sie lernte die Bibel durch ihn besser verstehen, hielt ihm dafür die Wäsche sauber und verbot ihm den billigen Wein beim Arbeiten. Er mußte ihr gesund genug bleiben, hatte sich vor dem Jawort ärztlich untersuchen lassen müssen – nur den Pflegeberuf fortsetzen wollte sie in der Ehe denn doch nicht. Sie wollte mich also – oder eher: sie wollte ein Kind, zur Herrlichkeit bestimmt, einen Engel, der sie über die Welt erhob. Es war denn auch eine grausame Geburt: ihr Leib wollte diesen Engel nicht hergeben, er mußte ihr mit Gewalt entrissen werden. Immer zum Höchsten gestimmt, blieb sie unberaten in Fragen gewöhnlicher Erziehung, an denen ihr Mann, der Lehrer, zu ihrer Enttäuschung die rechte Teilnahme schuldig blieb. Sie stopfte die Lücke, wie sie konnte, im Zweifelsfall mußte dann doch die Krankenpflege helfen, die sie gelernt hatte. Erwünscht war die Gelegenheit nicht geradezu, sie wollte natürlich nicht, daß ich krank wurde, darum wurde ich zum Anziehen der richtigen warmen Kleider, zum Drinbleiben bei zweifelhaftem Wetter, zum Ausgehen bei guter Luft angehalten. Aber die Dichte dieser Vorsichtsmaßregeln legt den Verdacht nahe, daß sie mit den allzeit drohenden Krankheiten im Bunde gewesen sein muß. Wenn sie dann doch kamen, war sie jedenfalls nicht schuld daran, aber gerüstet. Meine Krankheiten waren einzigartige Gelegenheiten, nichts zu versäumen, alles getan zu haben – sie wurden immer zwei, drei fieberfreie Tage länger ausgebadet als nötig. Da war ich ja Mutters Kind, auch wenn die Beziehung meine Unbeweglichkeit voraussetzte. Aber ich war bedeckt und behütet, und das Richtige, vom heißen Zwiebelwickel bis zur stündlichen Lüftung, geschah im Übermaß. Daß sie mir meine Krankheiten auch verübelte – als Zeugnisse wider ihre Vollkommenheit –, machte den Genuß schwierig, er war von Strafe nicht immer zu unterscheiden. Ich bekam ja auch Arrest dafür, daß ich meine Mutter bloßgestellt hatte. Und heimlich zahlte ich vielleicht sogar dafür mit, daß sie gar nicht so gern pflegte – was sie sich nicht eingestand; sie fürchtete wohl, es wäre ohne ihre Dienstfertigkeit zu wenig von ihr übriggeblieben. Dabei war sie eine schöne Frau; ihr atemloser Veredelungswunsch tut mir weh, wenn ich ihre großäugigen Jugendbilder ansehe. Nein, sie mochte meine Krankheiten nicht, glaube ich; es war in ihrer Familie genug gekrankt worden. Die Wiedergutmachung, die in ihrem Schwesternberuf steckte, war auch nichts Lustiges; sie unterstand dabei auch noch der Konkurrenz ihrer Schwester, die resoluter pflegte als sie. Später, als sie außer Beten nicht mehr viel für mich tun konnte, bagatellisierte sie auch meine Krankheiten – das sei nichts, es fehle mir nichts –, eine Schnelldiagnose, bei der sie mich nicht ansah, die sie dafür mit einer moralischen Ermahnung verband. Vielleicht war das Pflegen immer ihr Versuch gewesen, die Dinge nicht so ernst nehmen zu müssen, wie sie ihr heimlich vorkamen. Eigentlich lebte sie mit der Katastrophe, die sie, wenn sie eintrat, nie ganz überraschte. Hatte sie es nicht immer gewußt? Die Frage war jetzt nur: wie viel hatte sie sich vorzuwerfen?

Meine Kinderkrankheiten boten immerhin Gelegenheit zu sonst verrufenen Berührungen. Ich entnehme den Kinder-Widerständen, die ich schon den ärmsten weiblichen Freiheiten meiner Mutter entgegenbrachte – einem Tanz an der Hochzeit ihres Bruders, dem Übereinanderschlagen der Beine –, wie sehr sich die Erinnerung an den Körper verbot, auch schon für mich, den kleinen Sittenwächter. Oder erinnerten mich die Beine meiner Mutter dunkel daran, daß ich sie mir offener gewünscht hätte – nicht erst bei meiner Geburt? Jedenfalls bekam ich den Fiebermesser unter den Arm gesteckt, lernte ihn zehn Minuten heftig festhalten und beim Schütteln nicht fallen zu lassen. Ich wurde gemessen. Niemand brauchte mir zu sagen, daß mein Leben dazu diente, Gott und den Menschen etwas ganz Besonderes zu bieten. Das Geschenk, das ich darstellte, war zu äußerster Veredelung bestimmt, wie hätte mich meine Mutter sonst in Sünden empfangen dürfen. Zugleich kommt mir der Fiebermesser heute auch wie ein Katastrophenwarngerät vor: wenn ich meiner Mutter nicht gelang, drohte von mir dann nicht das Schlimmste? Sie gab sich Mühe, ein Gotteskind aus mir zu machen, hatte mich zu ihrem Erlöser bestimmt, eine Art Jesus im Tempel, dessen Gelehrigkeit man schon anmerken durfte, daß er ein wenig Gottes Sohn war. Daß zu dieser Karriere auch die Passion gehört, verschwieg sich meine Mutter in ihrer demütigen Eitelkeit. Oder nahm sie es still in Kauf?

Still ging es zu bei uns, die Ruhe des Vaters verlangte mein Stillsein; auch mein Erlösungswerk dachte sich die Mutter eher still, denn Lautes hätte ja Widerspruch und Feindschaft wecken können. Die gönnte sie mir nicht, sie hatte selbst zu viel Angst davor. Daß Lesen und Schreiben ein stilles Geschäft waren, traf sich also sehr gut. Ich lernte es früh und konnte dem Bahnhofsvorstand, der meine Mutter verehrte, sämtliche Hauptstädte Südamerikas fehlerlos hersagen. In dieser Richtung also lag das Bessere, das ich werden, das Edle, das ich wirken konnte. Ein kleiner Schriftgelehrter, der durch sein Stillsitzen bei der Lampe der leidenden Menschheit helfen und mit ewigen, aber unkontroversen Wahrheiten dienen würde. Ich störte jetzt schon niemanden beim Buchstabenmalen in der Veranda, während sie in der ebenfalls kalten Küche stand – es gab nur einen einzigen Kohlenofen in unserer Dreizimmerwohnung. Viel später kam ich darauf, daß ich sie doch gestört hatte: ich habe ihr die Buchstaben, die ich gemalt hatte, zur Begutachtung vorgewiesen – auch wenn ich wußte, daß sie richtig waren, wenn meine Frage gar keine Frage war. Aus Angeberei? oder weil ich etwas ganz anderes fragen wollte? Diese beiden Dinge werden dann lebenslänglich schwer auseinanderzuhalten sein.«

28

»So wurde ich, wie ›Zorn‹, ein stilles Kind, auch wenn sich die Verschwiegenheit nicht auf Reichtum, sondern auf verheimlichte Armut bezog. Nach Vaters Pensionierung waren wir eigentlich arm und lebten von der Vermietung des Hauses, das der Vater vor Jahrzehnten gekauft hatte, wobei die eine von zwei Mieten den Hypothekarzins bezahlte. Dieses Haus war ein Reichtum, den man ihm nicht ansah, den man nur um den Preis der Heimatlosigkeit hätte versilbern können. Also mußte man es festhalten und dafür dürftig bleiben. Nach der Heirat hatte mein Vater sogar die Krankenkasse seiner Krankenschwester gekündigt, die gegen sein lästerliches Gottvertrauen keinen Einspruch erhob – er mußte ja wissen, was er tat. Er wußte es nicht, aber vielleicht wußte sie besser, daß Katastrophen so oder so unvermeidlich waren. Seit ich denken kann, lebte ich im Vorgefühl der Katastrophe, die um so schrecklicher sein mußte, als meine Eltern sie sich selbst so tief verbargen – sie bargen ihr Unglück, meine Eltern, es steckte im besinnungslosen Fleiß meiner Mutter, in der Rechtlichkeit meines Vaters (dein Vater ist schon alt, der wird sicher bald sterben, sagte mir ein Mitschüler schon in der ersten Klasse), bevor es vor meiner Pubertät wirklich ausbrach und sich erklärte. Da hatte es (auch das wußte ich) nicht geholfen, wenn man gut wurde wie ich, ein klarer Fall fürs Gymnasium. Meine Mutter kränkelte schon eine Weile, sie gönnte sich endlich das fällige Zerwürfnis mit ihrer Dienstbarkeit, aber ein offenes Zerwürfnis durfte es auch jetzt nicht sein, was hatte sie sonst: also machte sie eine depressive Störung daraus, der mein Vater umsonst mit seinen Gotteskind-Vorhaltungen zu Leibe rückte. Gerade der Vater hatte bei dieser Lebensverstimmung seine Rechte verloren, seine Frau blieb unbelehrbar abwesend und überforderte ihn durch einen Widerstand, den er aus seiner Bibel nicht erklären konnte. Sie lebte schon im Schutz der Klinik, er schleppte sich gleichsam abgewandt von mir (ich galt, weil ich phantastische Lügenmärchen erzählte, plötzlich als Lausejunge) noch ein Jahr weiter, bevor er an Darmkrebs starb. Ich besuchte ihn an meinen freien Mittwochnachmittagen im Krankenhaus und bekam seinen Nachtisch zu essen. Auch nach seinem Tod, der meine Mutter nicht überraschte, aber meine Eßlust steigerte, lebte sie, im Schutz ihrer Störung, noch zwei Jahre zurückgezogen unter Spitalaufsicht – eine zweite Hypothek auf dem Haus verschaffte ihr die Mittel dazu – und wurde zwar nicht frei, aber erst recht fromm dabei. Für mich, der das geliebte Zürcher Gymnasium verlassen mußte, wurden es zwei Jahre der Gottverlassenheit, die ich auf Kosten meiner Gemeinde in einem ebenfalls frommen alpinen Internat zubrachte. Ich war immer, wie jedes Kind mit gestörtem Selbstvertrauen, ein Nesthocker gewesen, der es außerhalb des Hauses kaum eine Nacht aushielt – was hätte in dieser Nacht diesem Haus, meinen Eltern, mir selbst zustoßen können! –, so wurde mein Exil zu einer doppelten Prüfung. Denn ich hatte auch zu verschweigen, was sie mich kostete. Meine Mutter hätte, wie mir Verwandte und Besorger einschärften, nicht auch noch *mein* Unglück ertragen. Ich hatte verständnisvoll abwesend zu sein. Meine Pubertät verspätete sich, ich schlüpfte schultüchtig in das enge Musterkind-Kleid. Um so grandioser schweiften meine Phantasien. Jetzt mußte ich die Welt eines Tages entschädigen für alles, was sie mir antat, und der Größte werden, obwohl ich jetzt nochmals zur Reserve verurteilt war. Wie würde ich aus diesem Schatten treten und die Sonne verdunkeln!

Als ich aus den Bergen nach Zürich zurückkehren durfte, blieb ich schonungspflichtig gegen die noch immer empfindliche Mutter, auch wenn sie sich selbst nicht mehr schonte – alles für das Kind, was hatte sie sonst auf Erden! – und sich in Nachtwachen an Zolliker Totenbetten verausgabte, um mein Gymnasium bezahlen zu können. Am empfindlichsten zeigte sie sich gerade gegen das, was mich am meisten beschäftigte, meine Pubertät. Sie wies mich zur Steuer möglicher Irrtümer an erprobte männliche Vorbilder, am liebsten Professoren oder Pfarrer, und hielt sich im übrigen an meine Füße, die sie mir wusch und massierte. Auch vor schlechtem Umgang warnte sie mich unermüdlich, etwa demjenigen Nietzsches. Aus Angst um meine Seele gab sie sich alle Mühe, die Grundsätze meines Vaters bei mir zu vertreten. Ich sollte mir nur so viel Leben herausnehmen, als sie vertrug, und angesichts der erdrückenden Fremde des gewöhnlichen Lebens war das nicht viel. Und doch sollte ich ja nichts entbehren: sie sah dazu, daß sie bis zur Erschöpfung mit ihrem Erlösungswerk beschäftigt blieb: mit mir; oder besser mit Dem, der da kommen sollte, durch mich und sie.

Ich wußte, warum ich aufhörte, mit ihr über Gott, die Welt oder gar über Mädchen zu reden, und warum ich den verzweifelten Streit, der dann aus ihrer Ratlosigkeit herausbrach, vermied. Und doch war ich im Bund mit ihrer grandiosen Erwartung. Meine Tagebücher aus der Gymnasialzeit lassen keinen Blick auf die soliden Probleme jener Jahre zu; sie handeln nur von königlich-kaiserlichen Phantasien, mit denen ich mich herausputzen mußte. Auch in der Schule, wo ich seit dem Exil nicht mehr glänzend war, half ich mir mit Künsten des Angebens weiter, die meine Lehrer entwaffneten, lieferte etwa, statt der geforderten Griechisch-Verbesserungen, ein Gedicht ab. Gelobt sei noch heute mein als streng gefürchteter Lehrer, der das Gedicht ignorierte, sich dafür, mitten in der Stunde, neben mich in die Bank setzte und die Verbesserungen eher für mich als mit mir ins Heft schrieb. Von da an hatte das Griechische für mich seinen Schrecken verloren. Im Deutschen erfand ich eine Schreib-Pose in der Art Stefan Georges, die die Zensuren des Lehrers außer Kraft setzte: so wußte ich aus der beständigen Angst, ›daneben‹ zu sein, wundersame Vorteile zu ziehen, zauberte mich höher und durch die Reifeprüfung. Ich wurde ein durchaus verlogener Mensch, der zwischen seinen Lügen, die ja Not-Lügen waren, und seinen Phantasien, ohne die ich nicht hätte bestehen können, immer weniger unterschied. Am krassesten log ich, wenn ich nicht brav war, dann hatte ich die stärksten Gründe dazu: wie hätte meine Mutter die Wahrheit, auch wenn sie nicht schrecklich, nur körperlich war, ertragen! Heute kann ich mir den Verdacht leisten, daß sie sie eher ertragen hätte als ich. Sie war, bei aller Heikligkeit, robuster im Erleben von Katastrophen; ich war es eigentlich, der meine wahren Empfindungen zu scheuen hatte (was hätten sie anderes sein können als schreckliche Trauer), ich war inzwischen voll eingetreten in ihre Schuld an der Wirklichkeit. Diese war das Kapital, mit dem ich wuchern mußte. Denn was war die Alternative? Ich fürchtete, mit leeren Händen dazustehen; da ich nicht zu betteln wagte, blieb nur das Regieren übrig. Meine Lebensaufgabe war: die Wirklichkeit meiner Erfindungen zu betreiben, denn die Wirklichkeit der Andern gönnte mir keinen bessern – damals sagte ich lieber: keinen geringeren Lebenslauf.

Ich setzte, von Mathematik und andern meßbaren Leistungen entlastet, meine alphabetische Kunst als Germanistikstudent fort, schrieb Gedichte, die das heimliche Hauptstück meiner Strategie waren, Erfahrungen zu unterlaufen, die ich mich ohne Furcht vor Ungenügen nicht zu machen getraute. Jede Erfahrung, die ich nicht in Literatur verwandeln konnte, drohte mich zu entlarven und völlig bloßzustellen. Ich mußte dichten, es gab für mich nichts anderes. Und je weniger mir das einfache Notieren oder Mitschreiben in Vorlesungen gelang – meine Notizen waren hitzige Paraphrasen des Professoren-Vortrags, eigenwillig bis zur Narretei und für keine Prüfung zu gebrauchen –, ein desto größerer Dichter mußte ich werden. Ich schrieb Rilke nach, dann Benn, schlichte Prosa gelang mir nie – und ist mir wohl deswegen, als unerschwinglichste Form der Darstellung, später die teuerste geworden: als Verheißung eines Korrektivs. Damals hieß Dichten: die Welt zu meinen Gunsten bestechen, aber auch: mich in feiner Form abzusetzen von mütterlichen Erwartungen, die sich ihren Erlöser als Arzt oder Pfarrer vorgestellt hatte.«

29

»Aber die Mitgift meiner Mutter bleibt auch als verwandelte in Kraft; zuerst diejenige der Krankenschwester. Mein Körper begann die Differenz zu meinen poetisch unterschlagenen Bedürfnissen in Form dunkler, sogenannter ›psychosomatischer‹ oder ›funktioneller‹ Störungen anzumelden. Mit dem Verdacht eines Tumors im Kopf verdarb ich mir meinen ersten längeren Auslandsaufenthalt in England, hielt eine Reihe von Ärzten in Atem und dispensierte mich von der ersten langjährigen, kunstvollen und nie recht glücklichen Jugendliebe – meine Inszenierung ließ es aber so erscheinen, daß sie mich verließ. In verschlüsselter Sprache meldete ich an, was mir fehlte, und verschob die Diagnose des Defizits auf die Ebene der Medizin. Was ich mir dort antat, schien immerhin real genug. Ich litt Todesängste vor der Diagnose, die ich mir nur katastrophal vorstellen konnte, und Qualen in ihr – die neurologische Abklärung war eine Tortur nach allen Regeln der Kunst. Ich erlitt sie mit grausamer Bereitschaft, weil ich ja nicht an meinem Kopf leiden durfte. Ich ließ die hohe Medizin einspringen für mein Unvermögen, einfache Gefühle zu äußern. Sie war das Instrument meines Freispruchs – eines Freispruchs auf Zeit, denn meine ›Krankheit‹ –

will sagen: mein unterschlagener Lebensanspruch – blieb erfinderisch und besorgte mir neue schlimme Symptome, die medizinisch zu versorgen und zu befriedigen nur vorübergehend, und nie ohne ›invasive‹ Methoden gelang. Es gelang für die Dauer der Rekonvaleszenz, die immer eine Periode kindlichen Aufatmens gewesen ist – bis meine Kraft so weit zugenommen hatte, sich wieder gegen mich zu wenden und Todesangst zu werden. Wie oft habe ich das Messer des Chirurgen bewaffnet, um diesen Zusammenhang zwischen Lebensangst und Todesangst zu zerschneiden und endlich das Leben zu gewinnen, unverängstigt – eine Operation am richtigen Objekt, und doch mit dem untauglichen Mittel. Ich wußte mir nur dies: mich verletzen zu lassen, um zu mir zu kommen. Nach diesen chirurgischen Anschlägen war mir das Leben jeweils wieder geschenkt; es war, zum Glück, ›nichts Ernstes‹ gewesen. Eben dies aber war auch eine Quelle der Enttäuschung, meiner fortgesetzten Abhängigkeit von den Interventionen der Chirurgie. Denn es stimmte ja nicht, daß da ›nichts Ernstes‹ war, nur weil es der Mann mit dem Messer nicht hatte finden können. Es war etwas Ernstes, was mir fehlte. Und die Gefahr war nie von der Hand zu weisen, daß ich eines Tages so weit gehen würde, dem Arzt, und mit ihm der ganzen Welt, den Ernst meines Falles zu dokumentieren: durch ein ›Wachstum‹, das er mit Händen greifen konnte; ein Wachstum zum Tode, da es mir zu einem wirklichen Leben ja offenbar nicht reichen wollte. ›Kann man sterben, wenn man nicht gelebt hat?‹ fragt eine meiner Figuren, der hypochondrische Gymnasiallehrer Leu. Es ist eine beschwörende Frage – die Antwort, die sie forciert, soll nein heißen, so viel er weiß. Er setzt die Todesangst geradezu als Versicherungsmanöver ein gegen den gefürchteten Tod; der soll es nicht wagen dürfen, einen so geplagten Menschen zu treffen. Soviel er weiß; aber weiß er alles? will er es wissen? Oder soll ihn der Tod vor etwas Schrecklicherem retten? Wäre er das letzte, das heimlich provozierte Beweisstück für ein Martyrium, das ihm zwar das Leben nehmen würde – aber seine Wichtigkeit, die kostbare Lebenslüge, lassen? Ich wußte es, als ich das Stück schrieb, nicht besser als Leu. Ich ahnte immerhin, daß ich die Ärzte zu Komplizen eines widersprüchlichen Wunsches machte. Sie sollten mich verletzen – zum sichtbaren Zeichen, daß ich verletzt war; ohne ihre väterliche Hilfe vermochte ich diese Tatsache nicht darzustellen, und die Katharsis, die sie mir antaten, war heilsam – in Grenzen. Denn das Wahre, das Richtige war sie natürlich nicht – das wiederum konnte ich ihnen verübeln, es diente zu meiner – wiederum unvollständigen, bitteren – Entlastung. So oder so kam ich zu kurz. Ich hatte ein Sprachproblem. Was mir fehlte, konnte ich nicht sagen; was ich sagte, war nicht das Wahre.«

30

»So viel aus meiner häuslichen Geschichte, um mich daran zu erinnern, daß mein Bedürfnis nach Therapie nie akademisch war; und daß es mit dem Wunsch zu schreiben auf dunkle Weise zusammenhängt. Daß dieser dunkle Zusammenhang zwischen Literatur und Therapie, sagen wir vorläufig: Großartigkeit und Invalidität erhellungsbedürftig ist, daß ich ihn aufklären m ö c h t e , leidet für mich keinen Zweifel – die Frage ist, ob ich es kann. Oder versteckt sich hinter diesem Wunsch ein Widerstand, der ihn nicht mehr so ehrlich macht, wie er mir bei gesunden Sinnen vorkommt? Was man will, kann man auch, was man nicht zu können behauptet, will man nicht müssen – so die humanistische Psychologie, die über meine schönen Sätze ihr ›Amen‹ gesprochen hat. Es ist möglich, daß meine Poetik immer noch die grandiose Ausrede eines gestörten Narziß ist, ein Über-Bau kompensierender Scharfsinn, zu dem Sie ›Amen‹ sagen dürfen. Es wäre mir sogar lieber, als daß Sie dankbar zuhören. So weit habe ich meinen Wunsch, grandios *und* geliebt zu sein, zur Bescheidenheit, jedenfalls: Empfindlichkeit erzogen. Es muß nicht mehr sein, daß Sie mich gut finden. Aber ich schäme mich des Wunsches nicht, daß Sie m i c h finden, in den Grenzen, die meiner Offenheit und meiner Gesellschaftsfähigkeit gesetzt sind. Diese Grenzen mindestens sind mir bewußt. Ich möchte Ihnen und mir mit Absicht nicht verbergen, was zum persönlichen Einzugsgebiet unseres Themas gehört. Nur wenn dieses ›privat‹ genug herausgekommen sein sollte, wäre es verbindlich genug. Ich brauche nicht im Wörterbuch nachzuschlagen, daß ›privare‹ mit Berauben zu tun hat. Aber ich denke, daß eine beraubte Kindheit jenseits aller Indiskretion – und auch: der Wehleidigkeit – ein Faktum unserer Sozialisation ist, das wir uns und einander nur zugeben können. Dafür, es zu verschleiern, finde ich das Leben zu kurz, und den Aufwand zu tödlich.

Natürlich habe ich meine Kindheits- und Entwicklungsgeschichte verkürzt. Ihre Zuspitzung auf den Punkt, wo ein mangelhaftes Ich zum großartigen Schriftsteller werden will, läßt viele begütigende Züge weg, die, weil sie verschwiegen wurden, nicht unwahr sind. Zur Kunst der Verheimlichung, die zur literarischen Kunst werden wollte, gehörte es schon damals, eine glatte und gefällige Fassade zu bieten. Ich glaubte mir wohl dreißig Jahre meines Lebens nicht leisten zu können, zum Anstoß zu werden, und galt bei denen, die sich täuschen ließen, darum als freundlicher, williger Mensch – bei denen, die die Täuschung spürten, ohne mich zu mögen, als Blender. Ich wollte geliebt sein und tat viel dafür – und tat mir selber viel an dabei. Ich habe, wie ›Zorn‹, nicht die ganze Wahrheit gesagt: diejenigen, die mich anders, solid, robust erlebt haben, werden mich darin kaum wiedererkennen. Und es wäre gut, wenn sie mich gelassener verständen, als ich mich selbst verstehe. Es hat mir nicht geholfen, daß ich ein Musterkind war, in meiner Jugend in der (äußeren) Anpassung, später in ihrem Gegenstück, dem öffentlichen ›Engagement‹, dem politischen Widerspruch. Es hat mir auch dann nicht geholfen, wenn ich diesem oder jenem damit etwas gegeben haben sollte; wenn der Einsatz, der dazu gehörte, nicht gelogen war. Die Herkunft aus dem Mangel, also etwas im Innersten Verstelltes, Gemachtes, lag diesen Lebensäußerungen zugrunde und blieb ihnen anzumerken. Und das Schreiben, Teil dieser Fassadenwirtschaft, mußte sich aus ihr lösen, den Zwang, der dazu gehörte, bloßstellen lernen, wenn ich nicht daran zugrunde gehen sollte. Die Frage, ob es diesen Dienst leisten kann, oder ob die Geschichte seiner Herkunft unüberwindlich ist, bleibt freilich offen. Daß es meine Lebensfrage ist, soll nicht verborgen werden. Vielleicht liegt ein Teil der Lösung darin, daß die Kunst lernt, ihre Herkunft nicht als Fluch – freilich auch nicht als Begnadung – zu begreifen, sondern als Tatsache, mit der man nicht leben muß, aber darf.«

31

Schon als Zehn-, erst recht als Zwanzigjähriger wollte ich eigentlich gar nicht schreiben. Ich wollte Schriftsteller sein, als Bild eines Dichters aufgehen, »schlank und leicht, wie aus dem Nichts gesprungen«. Meine Begabung hatte mich von den Erfahrungen, die sie hätten kränken können, zu dispensieren. Der Schreibkrampf, in den mich diese Zumutung versetzte, war qualvoll – ich habe schon gesagt, daß mir zwischen Zwanzig und Dreißig nur Gedichte »gelangen«, inbrünstige Imitationen anderer Stimmen. Wenn ich gewöhnliche Sätze frei aneinander reihen sollte, verwickelten sie sich so unentwirrbar, daß ich in meiner Verzweiflung anfing, das Tischtuch zu beschreiben, auf dem mein Schreibpapier lag – auch damit kam ich nicht zurecht. Dafür sind mir seine braunen und gelben Streifen geblieben und verfolgen mich heut noch bis in den Traum: den bösen Traum, mein Dutzend Bücher könnte ein einziges Werk der Täuschung sein. Denn dort, wo ich hatte beginnen wollen, war es nicht weitergegangen. Aber ich hatte ja gar nicht beginnen wollen. Zu schreiben war augenblicklich und ohne Umschweife das längst fällige Meisterwerk, das alles klar machte – in dem der bescheidene Wohnzimmertisch, an dem ich saß, für immer überwunden war. Dafür gab sich damals nicht einmal die Tischdecke her.

Die Akrobatiknummer kam nicht zustande; abendfüllend war sie in meinen Träumen, auf dem Papier bedeckte sie nur ein paar unansehnliche, durch- und durchgestrichene Zeilen. Es war gut, daß ich mich als Lehrer sehen lassen durfte. Mein Unglück fiel im Klassenzimmer nur den scharfsinnigsten Schülern auf; bei den Aufsichtsbehörden genoß ich eine Art Genie-Bonus. Das Ungelebte und Ungetane umschwebte mich als besonderes Gerücht, das ich zugleich pflegte und haßte – was wäre ohne günstiges Vorurteil aus meiner Sicherheit geworden? Aber was wurde in einer beamteten Existenz aus meiner Größe? Es gefiel mir, meine Reserve als Differenz zu bestehenden Meinungen und Verhältnissen auszuspielen – da ich es mit dem Pfiff geheimer Ängstlichkeit tat, verscherzte ich mir dabei das herrschende Wohlwollen nicht; ich war noch kein »politischer« Fall. Nach bürgerlichem Verständnis erreichte ich meist, was ich wollte, ohne deswegen gerade als Opportunist zu gelten. Mein Wunsch, gefällig zu sein, war ja auch ehrlich. Daß ich eigentlich Hilfe suchte, konnte ich nicht zeigen, am wenigsten mir selbst – um so beharrlicher trug ich die Maske des guten Menschen und guten Lehrers, die mich auch noch als Glückspilz auswies – und mir eben so die mögliche Hilfe entfernte.

Mein Aufenthalt in Japan war eine Flucht nach vorn, getarnt durch einen Reisewunsch, der seit Kinderzeiten in mir lebendig und, wie alle meine Wünsche, zweischneidig gewesen war: Ich hatte, wie jeder wenig Behauste, nicht weggehen gelernt (die drohende Katastrophe!) – ich reiste noch immer nicht gern. Also *mußte* ich reisen, wie ein Kind im Dunkeln pfeifen muß. Das entfernte Land vertrat dann die Stelle der Realität an mir, die auch immer fremd gewesen war. Insofern war Japan kein Abenteuer, eher im Gegenteil. Hinter dem Exotischen begann ich das Selbstverständliche zu entdecken und bekam es sogar auf dem Papier besser zu fassen. Ich brachte eine Reihe von Reisebeschreibungen zustande – Hiroshima, das Puppenspiel, ein Zen-Meister –, die so unauffällig waren, daß die »Neue Zürcher

Zeitung« sie in der Sonntagsbeilage druckte; ein Verleger beglückwünschte mich dazu. War ich erschienen? Ich war geboren! Meine zweite Existenz war angetreten, die die erste richtigstellen sollte; meine Wiedergutmachung – diesmal sollte alles erst richtig gut werden! – begann. Damals sah ich nicht, wie tief dieser Wunsch, schon wieder gut zu sein, die Not reproduzierte, die er zu beheben versprach. Ich sah nur die Verklärung; die Aussicht auf das *andere* Leben in Buchform. Für die Buchform hatte ich mich schon in der Zeit des Schreibkrampfs gerüstet: meine Gedichtsammlungen band ich so buchähnlich wie möglich, am liebsten schrieb ich sie in Blindbände.

Die Japan-Aufsätze wurden dann noch nicht das Buch. Das sei ihm alles zu sehr über Land und Leute, schrieb mir jener Verleger, er vermisse den Kontext dazu, einen Rahmen. An mir sollte es nicht fehlen: ich lieferte den Rahmen. Ich erfand Figuren, Japanreisende, denen ich meine Aufsätze unterschob; einen literarischen Wettbewerb, in dem sie sich bewähren sollten; einen Juror, Werbechef, der das Resultat seinem Chef meldete. Am Ende waren die Preisaufsätze entbehrlich, es blieb nur der Rahmen übrig; ich hatte einen Roman geschrieben, »Im Sommer des Hasen«. Die Schwelle war überlistet: denn die Arbeit hatte sich nicht als Schöpfung (die mich hätte erstarren lassen), sondern als Redaktion dargestellt.

Sie wissen jetzt genug, um abzuschätzen, wie der Einsatz beschaffen war – und ist –, mit dem ich beim Schreiben spiele. »Im Sommer des Hasen« ist bei der Kritik gut angekommen – vor allem wegen einer japanisch-europäischen Liebesgeschichte, die durchsichtig genug war auf meinen Wunsch, geliebt zu werden, und wohl darum die Leser getroffen hat. Aber das Glück meines Erstlings war ein fragwürdiger Segen. Meine Schreiber-Existenz wurde damit belohnt und gerechtfertigt. Ich schien auf dem richtigen Weg – von mir weg, ins Großartige. Die Fassaden-Existenz durfte weitergehen: ich mußte nur den Schwierigkeitsgrad erhöhen. Mit dem nächsten Buch, meinem ehrgeizigsten, bin ich dann auch auf die Nase gefallen.

32

Das Schreiben hat mein Leben nicht entlastet. Es hat nur den Riß verdeutlicht, der durch meine Geschichte geht. Um das Dilemma komplizierter zu machen: was an meiner Schreibarbeit entwicklungsfähig und auch für Leser, wie es scheint, brauchbar geworden ist, lebt nun gerade vom mehr oder weniger dunklen Gefühl des Lebensmangels; des unzureichenden Kontaktes der Figuren zu sich selbst und zueinander. Für manche Kritiker bin ich darum so etwas wie ein Spezialist für Beziehungsprobleme geworden, ein Nachrechner menschlicher Defizite. So wird aus einem persönlichen Motiv ein literarisches. Diese Figuren sind natürlich nicht »Ich« – aber eben darin, daß sie es nicht sind, sind sie mir verwandt. Durch solche Mangelkulturen kann man in den Geruch therapeutischer Kompetenz kommen. »Albissers Grund« ist von Fachleuten als Schlüsselroman einer Psychoanalyse gelesen worden – mit der ich damals noch keine Erfahrung aus erster Hand hatte; mein Gottfried-Keller-Buch als verkappte Autobiographie. Daran hatte ich beim Schreiben nicht gedacht. Es braucht darum nicht falsch zu sein. Es beweist nur, daß man sich in großer Gesellschaft befindet, wenn man die Fehlleistung zum Thema macht – zum Glück wird sie davon natürlich nicht, man lernt es nicht, sich dazu zu gratulieren.

Der Name, den ich mir als Schriftsteller gemacht habe, entspricht nicht genau der Weihe, zu der mich mein Elternhaus bestimmt hat. Meine Mutter geniert sich bis heute über die Erotik in meinen Büchern, die sie für hemmungslos hält. Von ihr darf ich das nicht haben! Und doch habe ich das Programm dieses Elternhauses erfüllt – und den Stachel nicht gezogen, der darin saß. Auch wenn es ab und zu gelingt, wenigstens die Kunst-Form durchsichtig zu machen für die Not, die ich meinen Geschöpfen auf den Weg gebe – es bleibt immer ein vermitteltes Vergnügen, es tut der armen Seele nicht genug. Der Körper, als Opfer untrüglich, spricht dagegen – er hat seinen »Hypochondrie« genannten Code ebenso elaboriert wie das schreibende Ich seinen literarischen. Die Erinnerung läßt sich nicht bannen, daß Schreiben eine Fortsetzung jenes kindlichen Alleinseins ist, in dem ich die Buchstaben lernte, weil ich anders nicht auf mich aufmerksam machen konnte; da mußte mir das Alphabet statt körperlicher Nähe dienen; wohl stand es für sie, aber es stand ihr auch im Wege. Diese Erinnerung ist mit Kunst nicht zu bannen, nur zu vertiefen. Denn diese Kunst war dazu bestimmt, großartig zu sein, wie hätte sie sonst die Welt erlösen können. Sie war nicht dazu bestimmt, mich zu befreien. Unter Freiheit verstand man in meinem Elternhaus etwas Körperloses – oder etwas Verbotenes. Das Schreiben wurde mein Ersatz-Körper, ich konnte ihn vielleicht dazu erziehen, täuschend genau nachzubilden, was mir fehlte, ohne mich darüber zu täuschen, daß nicht er es war, was mir fehlte. Die Großartigkeit meiner häuslichen Mitgift in Dienst zu nehmen, statt sie glänzen zu lassen; meiner Phantasie Aufmerksamkeit abzuverlangen für alles, was anders war als sie; sie Bescheidenheit zu lehren – so viel konnte vielleicht gelingen. Es konnte der Mühe wert sein, großartig zu vermitteln, was gegen meine Großartigkeit sprach, dem in die Jahre gekommenen Narziß zwar nicht die Kränkung zu nehmen, aber die Beleidigung auszutreiben. Ich habe jedenfalls meine Mühe darauf verwandt, es war Liebesmühe nicht weniger als Trauerarbeit. Und doch ist beides vor meinem Gewissen eine Formsache geblieben, im hohen wie im gewöhnlichen Sinn des Wortes; ich veredle einen Fremdkörper. Die Literatur gab mir die Möglichkeit dazu – und gab mir dafür keine Chance, den Fremdkörper entweder auszutreiben oder mir ganz zu eigen zu machen. Das unliterarische Gegenstück zu dieser Fremdkörperlichkeit ist meine Krebsangst: da ist etwas, was meine Sorge auf sich zieht, weil es nicht ganz zu mir gehört. Oder muß ich sagen: das mir bewußt macht, wie viel zum Ganzen fehlt? Literatur ist in meiner Geschichte kein Verfahren zur Deckung eines Defizits. Waren es meine Therapien?

33

»Ich habe nicht gelebt«, wäre ein unsinniger Satz, wenn er nicht die Einsicht illustrierte, daß man nicht gelernt hat, seine Gefühle ernst zu nehmen, Verantwortung zu ertragen für seine Erfahrungen und für sich selbst zuständig zu sein. Davon habe ich zu wenig gelernt – umso besser habe ich gelernt, Verantwortung vorzumachen, Gefühle zu spielen, Erfahrungen zu simulieren. Das grandiose Ich ist ein schwaches Ich, sonst hätte es nicht so unvernünftige Beweise seiner Stärke nötig. Freilich placiert es sie in der Regel dort, wo sie keinen wirklichen Kampf kosten, aus wohlbegründeter Angst vor Bloßstellung. Allmächtig spielen kann ich nur für mich selbst. Wenn die Korrektur dieser Haltung fällig und unvermeidlich ist, weil sie anfängt, die physische Existenz zu verkümmern, zu bedrohen, wenn man also das Geständnis, Hilfe zu brauchen, über sich bringt, dann fürchtet man, daß viel in Bewegung kommt – z u viel für die unglückliche Eigenliebe; dann kann einem das Unglück noch lieber sein als jede Veränderung. »Therapie« ist dann der Name für einen Versuch, den man unter Verschluß zu halten sucht, dessen soziales Risiko man klein halten möchte. Man wird es mit der Einzelanalyse versuchen, wenn man sich's leisten kann und das Glück hat, einen Analytiker zu finden. Die Analyse, auch wenn sie unter Leidensdruck begonnen wird, bleibt eine vorsichtige und geschützte Annäherung an die Therapie – man sollte sie nicht mit ihr verwechseln (auch wenn die Krankenkassen nur unzureichende, obwohl solide Gründe haben, es nicht zu tun). Sie ist ein Vertrag auf lange Frist, in den viele diplomatische Klauseln eingeschlossen sind – von der Diskretion des Wartezimmers bis zum Schweigen des Analytikers. Schonend soll sie, in einer regelmäßigen und bezahlten Beziehung, dem Klienten die Mechanismen und Muster seines Beziehungs-Repertoires aufdecken – und natürlich die Fallen und Schlingen, die er sich darin eingerichtet hat. Das Bewußtsein seiner Konflikte soll am Ende so weit gereift sein, daß er mit ihnen leben kann. Das Interesse, das der analytische Partner an ihm nimmt, ist, im Gegensatz zu allen vitalen Partnerschaften, kontrolliert. Der Analysand soll die Probleme, die dabei auftauchen, sehen lernen, nicht nur erleiden. Auch die Frustrationen, die bei dieser Simulation entstehen, gewinnen so ihren Lebenswert über ihren Lehrwert für den Patienten. In gewissem Sinn ist das analytische Verhältnis auf die Frustration programmiert; es zieht seine Rechtfertigung daraus, Gefühle nicht zu erwidern, sondern zu verstehen. In einem genau begrenzten Raum des analytischen Stillebens wird das Leben nachgestellt – und auch der Widerstand, der sich gegen dieses scheintote Arrangement rühren will, genutzt. Ohne diesen Widerstand keine Analyse; er ist ihre treibende Kraft. Diese Kraft hat bei mir nie recht ausgereicht. Offenes Neinsagen und Nein-Fühlen ist das klassische Problem des Schuldbereiten und Gefälligen; mein Problem. Die Langwierigkeit und Unschlüssigkeit psychoanalytischer Prozesse begünstigt auch die Versuchung, diese Prozesse selbst zum Problem zu machen. Sie schieben sich an die Stelle primärer Erfahrung, werden ein System eigenen Rechts und beleuchten nur noch sich untereinander, statt dem Gefühl heimzuzünden. Die klassische »Analyse« laboriert am Dilemma, daß sie den Gärtner zum Bock machen will – also das Bewußtsein zum Treuhänder von Trieben, die es veruntreut hat. Es soll sich reinigen lassen von einer Triebschuld, statt sich mit dem »Schmutz« endlich einzulassen. Die Analyse kann sich mit dem Körper wohl verbünden, aber – das ist meine Erfahrung – nicht reell verbinden. Man merkt ihr ihre Herkunft aus dem ausgehenden 19. Jahrhundert an, der klassischen Periode der Diskretion (und Indiskretion), der sozialen Scham, der Unlust u n d Mehrwert produzierenden Schuld – also des Doppellebens, der gespaltenen Moral und der patriarchalischen Kleinfamilie. Freud und seine Nachfolger waren gleichsam die erleuchteten Ersatz- und Manipulier-Eltern, die die ahnungslosen Sünden der realen Eltern an ihren Kindern wo nicht gutzumachen, so doch *bewußt* zu machen hatten. Zu diesem Zweck bot Freud das exemplarische Eltern-Bild des Ödipus an, dessen Überwindung er – wie auch die Geschichte der Psychoanalyse beweist – dann doch bestimmte Grenzen setzte. Sie schlugen sich nieder in einer Generation neuer Vater-Konflikte im Streit um die Orthodoxie der Methode.

34

Ich habe meine Abhängigkeit von den Eltern, die zuzugeben zu schmerzlich gewesen wäre – denn wann waren sie für meine Bedürfnisse da? –, so viele Jahre in Diskretion verpackt, daß die Indiskretion zur Verlockung wird. Eben so bringt sie natürlich die Abhängigkeit erst recht ans Licht. Meine literarische Arbeit, die ursprünglich die Lücken meiner Existenz stopfen sollte, ist später zum Ausplauderer dieser Lücken geworden. Meine Fertigkeit konnte sogar den Eindruck erwecken, als hätte ich mein Leben gemeistert. Ich suchte den Analytiker im dunklen Bewußtsein, wie tief dieser Eindruck trog; wie unerträglich er mich und andere betrog. Schreiben hieß, meine Bedürfnisse verraten – im doppelten Sinn; ich brachte sie aus, ja: veröffentlichte sie – und blieb ihnen eben so die Erfüllung schuldig. Bedürfnisse sind aber ja nicht dazu bestimmt, verraten zu werden, sondern gelebt.

Von dieser Erwartung her muß ich meine Analyse als gescheitert betrachten. Sie hatte nicht das Zeug dazu, mich zu heilen. An der Bewußtheit der Konflikte, die sie herzustellen verspricht, hatte es schon früher nie gefehlt; daran am wenigsten. Da ich ein undankbarer Analyse-Patient war, liegt es nahe, auch ein ungerechter, denunziatorischer zu sein. Wenn es so einfach wäre! Denn das Gegenteil wäre genau so richtig und hätte die menschliche Wahrheit für sich: daß ich ein nur zu dankbarer Analysand war und daß ich mit meinem Analytiker ausgesprochen Glück hatte. Es gibt nichts auszubringen, was ihm, seiner Methode, seinem Takt Unehre machte. Wäre Therapie eine Ehrensache, oder wäre sie nach den Regeln der Kunst, und durch Aufmerksamkeit von Mensch zu Mensch, herbeizuführen, ich dürfte mich als geheilt ansehen: diesem Analytiker zuliebe war ich manchmal bereit, es zu tun.

Aber: die Analyse wiederholte natürlich meine Eltern- und Kinderkonflikte, wenn auch auf anderem Niveau der Artikulation (das, weit entfernt, Teil der Lösung zu sein, Teil des Problems war). Was fehlte, hatte schon früher und immer gefehlt: die Körper-Beteiligung, eine kathartische Kraft, die den Grundkrampf lösen kann, bevor sie ihn be-spricht – wenn diese Besprechung sich dann nicht erübrigt. Unter andern Umständen, in anderer Besetzung will ich dem analytischen Verhältnis diese Katharsis zutrauen. Andere haben sie erfahren – obwohl ich den Zweifel nicht ganz loswerde (und »meinen« Analytiker zugleich davon entlasten möchte), ob die klassische Psychoanalyse das Muster ödipaler Zwänge, nach dem sie angetreten ist, je wirklich zu durchbrechen vermag; ob sie es nicht, bestenfalls in lebens-möglichen Formen, perpetuiert. Ich mag über die Bewältigung meiner Kindermuster und der Trauer, die darin festgefroren war, zu besserer Krankheits- und Partnerschaftseinsicht kommen. Es ist die Frage, ob ich damit zu mir selbst komme; ob die Einsamkeit des analytischen Verfahrens meine partnerschaftliche Praxis nicht präjudiziert. Mit dem Konflikt leben; vielleicht, aber gibt es nichts Fundamentaleres? Wäre »Leben nicht eine prima Alternative«?

35

Meine Analyse war ein Spiel mit vertauschten Rollen, das nicht der Komik entbehrte. Sie scheiterte – wenn das Wort paßt – an unserer wechselseitigen Kompetenz, beziehungsweise: an ihrer Interpretation durch den Partner. Gerade das Kollusionsverhältnis zu meinen Gunsten, das so entstand, konnte ich nicht gebrauchen. Denn der Analytiker nahm mir die Geschichten, die ich auf seiner Couch produzierte, ab. Er konnte nicht ganz ernst nehmen, daß ich sie als Geschichten meines Leidens erlebte, statt als Erfolgsmeldungen – will sagen: als Produktionsmittel, das zu den Problemen, die es stellte, zugleich Lösungen mitgab, auf die ich mich hätte stützen sollen. Das Schreiben, was sich daraus ergab und was sich damit anfangen läßt, hatte sein primäres, nicht auf psycho-pathologische Kategorien reduzierbares Interesse; ebenso meine Ausschläge in die Politik – ich war damals sozialdemokratischer Kandidat für einen Sitz in der zweiten eidgenössischen Kammer. Er war im Grunde der viel »künstlerischere«, auch der viel politischere Mensch als ich. Denn in beiden Bereichen gab es für ihn eine Grenze des Anstands für die psychoanalytische Reduktion. Jenseits begann das nicht nur erlaubte, sondern schutzwürdige Gelingen, die öffentliche Verantwortung.

Ein solcher Mann war wohl nicht der richtige Analytiker für mich – obwohl, nein: weil er der kompetente und teilnehmende Partner war. Dazu, diese Teilnahme zu schätzen und zu genießen, hätte bei mir ein anderes Selbstwertgefühl gehört. Dieses war durch literarische Erfolge nicht zu überzeugen gewesen, also fiel auch die Teilnahme an diesen ins Leere. »Mein« Analytiker wäre der Vater gewesen, den ich in meiner Kindheit hätte haben müssen: sein ziviler Mut, sein aufrechter Gang, hätte keine fromme Duckmäuserei bestehen lassen und keine erfinderische Heuchelei nötig gemacht. Ich hätte nicht »gut« oder »jemand« sein müssen, um ich sein zu dürfen. Nun war es leider so gekommen, daß eben diese Art Gefühls-Verziehung mein Talent entwickelt hatte; und darauf hatte er im Grunde keine Antwort. Er hatte den Beruf des Analytikers aus positivem Interesse, ja aus Neugier entwickelt, nicht aus »Leidensdruck« – aus derselben Fülle, die später aus seiner eigenen literarischen Arbeit redete (zur Zeit meiner Analyse gab es dieses Manuskript schon, auch wenn er nicht davon sprach). Aber »unbewältigt« war die literarische Arbeit bei ihm so wenig wie die psychoanalytische. Wenn er mich von etwas zu heilen suchte, waren es die verbitternden Skrupel, die mein Schreiben in seinen Augen belasteten. Es fehlte ihm der Respekt für die gespaltene Wurzel, aus der ich produzierte. Er schlug sich gewissermaßen auf die Seite meiner Selbstachtung und überforderte mich damit.

Denn meine Produktion war ja aus der Verzweiflung

an diesem Selbst hervorgegangen. Es war alles andere als ein Kleinbürger, der diesmal »gut« fand, was ich machte – und doch erlebte ich in dieser Wertschätzung wieder, wie vor Jahrzehnten im Elternhaus, den Entzug und Verlust. Ich mußte schon wieder gut, ich durfte kein Armer sein; es durfte auch in der Analyse nicht wahr sein, daß mein Gut- und immer Besserwerden im Kern alles andere als gut, sondern ein überspieltes Versäumnis war. Daß ich dabei der immer glaubhaftere, undurchdringlichere Spieler geworden war, nahm der Not ja nichts weg, im Gegenteil. Kunst, die sich zeigen durfte, war für meinen Analytiker aber keine Not mehr; es war der Bedürftigkeit entzogen und dem Interesse geöffnet. Gut für mich – u n d zum Verzweifeln, denn damit war der Riß, aus dem diese Kunst geflossen war, nicht mehr als Wunde anerkannt und nicht der Analyse, wohl aber der Heilung entzogen. Ich aber wollte jetzt nicht mehr gut sein, sondern heil werden – geheilt von der *unterschlagenen* Trauer; geheilt von meinem »Krankheitswunsch«. Ich ahnte nur, aber mein Körper wußte, worum mich die zur Kunst gewordene Verstellung betrogen hatte. Darum wollte ich jetzt nicht von ihr reden, sondern von mir. Sie war zu lange der »große Bruder« gewesen, mit dem ich der Welt gedroht hatte, damit sie mir nicht zu weh tat. Daß ich ihr damit hatte imponieren können, nahm meiner heimlichen, verheimlichten Kleinheit nichts weg. Gegen alles, was mir in der Analyse »gelang« – mußte es denn auch hier wieder gelingen? –, kam mir das spöttische Amen jenes Gruppentherapeuten wie eine bittere Wahrheit vor.

36

Alice Miller hat in ihrem »Drama des begabten Kindes« einer Legion von ödipal Geschädigten die Erlaubnis zum Trauern gegeben. Hier war die Mutter, die sich gegen elterliche Kränkung und Erpressung auf die Seite der »Kinder« schlug und ihnen nicht bloß bewältigen, sondern auch weinen half – Tränen der Wut, nicht nur der Trauer. Zugleich reichte sie ihnen den süßen Trost, daß sie als Überforderte zugleich Erwählte, »Begabte« waren. Plötzlich durfte die narzißtische Kränkung wieder notwendig, ein beklagenswertes Schicksal, aber ein Schicksal sein. Spotte ich? Dann würde ich meiner selbst spotten. Ich habe das Buch gebraucht wie eine Kur. Das eigene Leid wurde in ihm ja nicht nur moralisch freigesprochen, sondern kulturell gewürdigt; es war, als berechtigte Empfindlichkeit, Baustein jeder empfindsamen Lebensgeschichte, der Preis für das Künstlerische ihrer Existenz. Wir Sensiblen hatten, zu unserem Leid, Künstler werden müssen im Ertragen, ja Tragen der Ängste unserer Eltern. Dafür hatten wir uns aber auch zu Seelenärzten, Malern und Dichtern qualifiziert. Die Pathologie des Narzißmus, recht gedeutet, warf selbst enormen narzißtischen Gewinn ab. Vor allem: wir waren unschuldig. Wir durften auch als Erwachsene die Verantwortung abschütteln für unsere Deformation. Die wahre Mutter erzählte uns, wie es bei Laios und Iokaste zugegangen war. Unsere Eltern waren Stiefeltern gewesen, die sich, wie im Märchen, in ihrem schwarzen Hunger an uns vergriffen; das Elternhaus war ein Hexenhaus. Aber Hänsel und Gretel brauchten sich nicht erwischen zu lassen: auf ihrem Weg durch den einsamen Wald waren ihnen nicht nur Komplexe, sondern Schätze zugefallen, und am Ende hatten sie das Recht zu trauern und waren erlöst.

Niemand konnte an der vorgeschlagenen Umschuldung stärker interessiert sein als ich. Muß ich gestehen, daß sie an meinem literarischen Geschmack scheiterte? Es gab mir zu denken, daß sich dieses Modell an keinem Autor so gut demonstrieren läßt wie an Hermann Hesse – den ich schätze, dessen ästhetische Beweiskraft ich aber beim besten Willen nicht zu überschätzen vermag. Bei ihm mag man zur Not zugeben, daß die Geschichte seiner »Begabung« glücklicher hätte ablaufen können, ohne Verlust für das Werk; bei einem Künstler wie Adolf Hitler kann man das natürlich erst recht zugeben. Aber bei Beckett oder Thomas Bernhard? Es sei eingeräumt, daß ihre Werke ohne furchtbare Deformationen in der Lebensgeschichte nicht geschrieben worden wären. Aber machen die Zeichen der Deformation *im* Werk dieses Werk weniger human – oder war die Deformation nicht sogar die Voraussetzung, das Humane jenseits von Kultur-Phrasen und Harmonie-Erwartungen sichtbar zu machen? Was wäre aus diesem Werk geworden, wenn ihre Urheber besser trauern gelernt hätten – gäbe es dann noch Gründe, sich damit zu beschäftigen? Plötzlich kam mir die Trauer-Erlaubnis wie ein treuherziger Euphemismus vor. Diese Werke sind nicht geschaffen worden, um den Menschen den Frieden zu bringen, sondern das Schwert der Einsicht. Sie haben das Zeug zur Axt, die das gefrorene Meer in uns spaltet – Kafkas Wort. Es ist zwar menschlich, aber nicht hilfreich, den Urhebern dieser Einsicht mehr Frieden, mehr Trauerbegabung zu wünschen. Plötzlich hörte ich in der Stimme der Guten Mutter diejenige meiner eigenen, die mich, den Halbwüchsigen, das Bedauern hatte lehren wollen, daß bedeutende Autoren nicht an Gott geglaubt hätten. Dann hätten sie sich auch nicht das Leben nehmen oder wahnsinnig werden müssen, und wie herrlich wäre dann erst ihr Werk geworden!

Ich fürchte, »Begabung« ist nicht einmal vom frömmsten Wunsch zu entlasten von ihrem Preis. Hölderlins Biographie ist so wenig ins reine zu wünschen wie diejenige Stifters. Die Forderung der Güte gilt von einem Punkt, hinter den es kein Zurück mehr gibt, nur noch einer Größe: der Arbeit. Sie muß gut werden; und damit sie es werde, ist es bloß wünschbar, aber wohl nicht möglich, daß der Autor mit sich im reinen sei. Hier hat die »umschmelzende Kraft der Tränen« ihr Recht verloren. Diese Gabe ist jedem zu gönnen, aber mit der Qualität des Werks hat sie nichts zu schaffen; dafür ist die Trauerfähigkeit des Autors nicht zuständig, nicht einmal seine »Humanität«. Es ist möglich, daß bedeutende Werke von durch und durch irreparablen, und zu eigener und fremder Gefühlseinsicht tief unfähigen Individuen, ja von Monstren hervorgebracht werden. Und es soll sogar so sein, daß an dieser Produktion jeder Vorschlag zur Güte abprallt, daß sie aller Versöhnung spottet. Das ist natürlich keine *Forderung* an das Kunstwerk – als solche wäre sie dogmatisch und unhistorisch. Es ist eine Erfahrung, eine Tatsache, jedenfalls – diese Einschränkung muß man machen, und man muß auf sie zurückkommen – für die westliche Literatur der neueren Zeit. »Die Wahrheit ist, daß mir auf Erden nicht zu helfen war« – diese Wahrheit ist durch Trauerempfehlungen, durch Bedauern über versäumten Schmerz und Glück nicht aus der Welt zu schaffen. Und sie wird auch nicht widerlegt durch die *andere* Gefühlswahrheit von Kleists Werk. Die beiden Wahrheiten bestehen vielmehr inkommensurabel nebeneinander, auch wenn sie einander bedingen. Ohne das Lebensungeschick des deklassierten Junkers wäre seine fürchterliche Meisterschaft nicht zu denken, und sie ist auch nicht als Kompensation abzutun. Denn wir verdanken ihr durchdringende Einsichten darüber, was Gefühl sein könnte, was es in seinem entblößten, bloßgestellten Zustand ist: absolut *und* ein Abgrund von Zweideutigkeit. Dieses Gefühl, im Leben ungemeistert, tritt im Werk als Urphänomen hervor, tiefer und wissender als die Klugheit des Psychologen – und als sein Wohlwollen.

Vielleicht geht Alice Millers Entlastung vom ödipalen Schema, ihre Apologie des narzißtisch »Gestörten«/Begabten nicht weit genug. Sie ersetzt die »Maschine« Freuds nur durch eine weniger unerbittliche, eine Draht- durch eine Plüschmutter. Kunst-gerechter in ihrer Frechheit wären wohl eher die antiödipalen Phantasien Deleuze/Guattaris, die die Schöpferkraft von jeder Bindung an Modelle freisprechen und dem »organlos« genannten Universum des Schizo überantworten, der als der exemplarische Urheber erscheint. Er *ist* ein Universum, das, souverän und autonom, nur in den Augen einer neurotischen Kultur verrückt spielende Prinzip – auch wenn die Ordnungsmächte nichts Besseres wissen, als es dafür zu internieren und zu isolieren. Dieser Triumph der Anarchie bedient sich des Unglücks nicht anders, als wie er sich anderer Stoffe bedient: als Absprung in die Freiheit, als Spiel-Zeug zur Illumination des Chaos in dessen Geist. Vor solcher Furchtlosigkeit erlischt die Zuständigkeit von Moral und Psychologie; diese kann ihn einsperren, aber ihm nicht mehr sagen, wer er ist, auch wenn sie dafür ums passende medizinische Wort ringt. Er aber zeigt ihr, mit jeder seiner unvorhergesehenen Bewegungen, was sie nicht ist. In ihrem Rücken – im Rücken jeder Ordnungsmacht – treibt er seine Rhizome fort und schlägt er seine Luftwurzeln, Caliban und Ariel in einem – an diesem Monstrum ist die Bändigungskunst Prosperos verloren.

37

In diesem *poetischen* Konzept der entgrenzten, entsprungenen Phantasie kann man sich nicht, wie bei Frau Miller, Trost für seine »Begabung« holen. Ich habe erlebt, daß ich ihren Freispruch des Narziß so wenig gebrauchen konnte wie die Kopf-Analyse auf der Couch. Es ist etwas Humanitäres daran, das das Disharmonische der Kunst-Arbeit nicht aufhebt, sich damit nicht vertragen will. Natürlich ist dieser Einwand nicht fair. Frau Miller hat ja keine Phänomenologie des Künstlers und des Kunstwerks geschrieben, sondern ein Hilfsmittel für die Therapie. Ich wäre der letzte zu leugnen, daß ihre Kategorien im Fall Hitlers oder Jürgen Bartschs zutreffen – daß ihre Praxis lebensrettend hätte sein können, nicht nur für diese Gestörten, sondern auch für ihre Opfer. Sozialpädagogisch ist das »Drama des begabten Kindes« eine Tat, es müßte Pflichtlektüre aller Eltern sein, die es ihren Kindern ersparen möchten, »begabt« zu werden. Aber was für die Erziehung wegweisend sein kann, hilft nicht zum Verständnis der künstlerischen Produktion. Nicht, weil diese über alle vernünftigen Begriffe erhaben wäre, sondern weil Heilung wohl nicht ihr Sinn ist, Heilbarkeit also kein zureichender Gesichtspunkt. Viel eher könnte man gerade die Heillosigkeit ihrer Urheber für die Bedingung ihrer Produktivität halten. Unheilbar jedenfalls pflegen sie zu sein bei ihrer Fixierung auf das Werk; diesem Werk zulieb ist das persönliche Glück, sind Gesundheit und Krankheit allemal zurückgestellt worden. Die Würde dieser Arbeit liegt in ihrer Radikalität. Und diese wiederum ist nicht vom Mutwillen eingegeben, sondern von der subjektiven Notwendigkeit, ein Zeichen zu setzen – das äußerste Zeichen war ihnen dafür gerade recht.

Zeichen wofür? Für die condition humaine, und gewiß nicht für eine schlechthinnige und zeitlose, sondern eine persönlich erfahrene, lebensgeschichtlich bedingte – die nur in der Erfüllung dieser Bedingung repräsentativ scheinen und den Geist der Zeit spiegeln kann. Dieses Zeichen steht für eine Kultur in der Krise. Die ästhetischen Entscheidungen des Autors erhellen dunkel die Entscheidungen, die für die Gesellschaft anstehen; sie zeigen sie an wie ein Seismograph. Es ist nicht die Schuld der Künstler, daß diese Zeichen nicht auf Versöhnung und Begütigung deuten; daß ihr Anblick schreckt, daß sie als Warnungen oder Drohungen gelesen werden. Nur in dieser Radikalität sticht das Kunstgebilde heraus aus dem Dickicht der Ideologien und dem Nebel der Verschleierungen. Es gehört ganz offenbar die eigene Gefährdung dazu, um die objektive Gefahr, in der sich die Zivilisation befindet, zu markieren. Es gehört ein radikaler Spieltrieb dazu, der in einer Äußerungsform, die wir »künstlerisch« nennen, das allgemeine Kulturdefizit deutlich macht, zum Greifen deutlich – wenn auch für Weltverbesserer nicht zu packen. Es gehört dazu, daß ein Mensch sich selbst aufs Spiel setze – in einer symbolischen Handlung, die ihm mehr bedeutet als ein gutes Leben. Angesichts dieses Spiels und seiner Einsätze kann von lokaler Therapie nicht mehr die Rede sein – denn wenn es in einem deutlich ist, dann in der Evokation einer umfassenden Therapie. Die »gebrechliche Einrichtung der Welt« hat nichts Geringeres nötig – und die Einsicht ist nicht ausgeschlossen, daß uns in der Tat nicht zu helfen ist. Kunst als Therapie? Wohl eher als lebendiges Denkmal dafür, daß die Therapie, die unserer Heillosigkeit beikäme, noch keinen Begriff hat, daß sie erst im Körper des Kunstwerks aufscheint, der zugleich »ganz« und reduziert, abseitig und zentral ist. Auch »ganz« – denn das Kunstwerk erzählt die Geschichte unserer Kultur so, daß das Gutmachen, der Zug zur Integration ebenso tief in ihr steckt wie das unheilbare Unglück. Sie ist da, um etwas gut zu machen – »nur« ästhetisch, also virtuell gut, aber in der Reichweite desto unübersehbarer, je weniger dieser Auftrag in einen Namen zu sperren, auf den Begriff zu bringen ist. Hegel erwartete von der Philosophie das Heil, also dem fortschreitenden Bewußtsein des Geistes zu sich selbst; alles spricht dafür, daß gerade dieses Heil in praxi der Sachwalter des Unheils wird, daß nur die *andere*, die Scheinpraxis des Kunstwerks unserer Wahrheit beikommt – im Kleid, nein: im Körper der Fiktion. Darum ist in der Kunst, der westlichen modernen Kunst, nur das Radikale repräsentativ, auch wenn sie keine Realität »nachahmt«; weil sie es nicht tut. Ihr Thema mag Schrecken und Mitleid erregen, aber durch ihre Form, die Güte der Form allein, steht sie auf der Seite der Hoffnung, die vorläufig durch nichts anderes beglaubigt ist als durch die Existenz des Kunstwerks. Es ist immer lächerlich, es mit einem Kulturdokument zu verwechseln, denn es wendet sich gegen die bestehende Kultur und denunziert sie als unmenschliche; es ist der vollendete Ausdruck der Unmenschlichkeit. Aber eben als vollendeter, das heißt: sinnlich reicher, formal kompromißloser, öffnet es im Unmöglichen der Wirklichkeit eine Tür für die Vorstellungskraft: das ist so – muß das so sein?

38

Große Worte, wenn ich nur hätte sagen wollen, warum es mir mit der Therapie nicht gelungen ist – sie sollen nicht verdecken, daß ich das Thema verlagert habe. Aus dem Kummer des Autors mit sich selbst ist ein Plädoyer für die Literatur geworden – *sie* soll das Subjekt salvieren, nachdem es sich therapie-resistent gezeigt hat. Die Poetik wird zum Fluchtweg für das Unglück mit der Therapie und soll hintenherum doch wieder ein Glück sein – wo nicht für den Urheber, so doch für die »Welt«. Es ist wahr, daß es mir schwer fällt, die Perspektive des Autors und die des Publikums auseinanderzuhalten – als ob Therapie und Ästhetik nicht verschiedene Dinge wären, je nachdem man sie vom »Sender« oder vom »Empfänger« her betrachtet. Sie sind es allerdings; es bleibt zu fragen – ich möchte mir die Frage nicht schenken –, ob die Wirkung der Literatur auf *andere* nicht in der Tat befreiend und bindend, heilsam, ja therapieförmig sein kann. Die »Wahrheit des Kunstwerks« für andere ist nicht mehr die Wahrheit seines Urhebers; die Form, die er darin annimmt, ist offen für den Leser als Autor. Er schafft sich seine Version, die alles andere als abgeleitet, ja: die mit dem »Eigenleben« des Kunstwerks identisch ist.

Der Autor ist nicht die Literatur, er macht sie nur; und er macht daraus etwas für sich. Ich bin als Autor, nicht als Germanist nach Frankfurt eingeladen; daraus habe ich Ihren Anspruch – und meinen – abgeleitet, davon zu reden, was ich mir aus meiner Literatur mache, wozu sie mir dient – und wozu nicht. Zur Therapie, nach allem, denn wohl nicht. Aber ist das ein guter Grund, diese Therapie-Resistenz aufgehen und verschwinden zu lassen in einem höheren Inkorrigiblen, der Kunst; ihr das eigene Manko als Sachzwang der Poesie zu unterschieben? Es ist natürlich ein sehr guter, nämlich grandioser Grund – eben dazu, zur Deckung meiner Blöße, hatte mir das Schreiben ja gedient. Grandios war die Auskunft in die Literatur – aber dann, in der literarischen Arbeit, doch nicht nur grandios. Als Selbstbefriedigung hält sich die Literatur, die man macht, nie, weil sie dann aufhört, einen zu befriedigen. Es ist dafür gesorgt, daß es nicht bei der Größenphantasie bleibt; nicht erst Markt und Kritik sorgen dafür, sondern die häuslichen Erfahrungen beim Schreiben selbst. Die Musen sind keine Gummipuppen, sie leben; die Erfahrungen, die man sich einmal durch Schreiben ersparen wollte, macht man beim Schreiben, wohl oder übel. Es bleibt nicht bei der Körperlosigkeit und beim simulierten Leben. Ja, jeder Konflikt, den man zu vermeiden hoffte, erzeugt einen Doppelgänger im Werk. Dieses mag beginnen *statt* einer Sozialisation – aber wer's betreibt, wird damit unvermeidlich wieder in Gesellschaft geraten; seine eigene Gesellschaft am Schreibtisch wird ihm keine Ruhe lassen. Aus dem »faute de mieux« wird vielleicht nichts Gutes – aber das Bessere; am Ende sogar: das beste Mögliche für die Person. Daß es ihr gut genug sei, ist damit natürlich nicht gesagt.

Der therapie-resistente Autor ist natürlich eine romantische Figur, um nicht zu sagen ein Klischee. Ich möchte aus der Erfahrung, daß meinen Körpersymptomen durch Therapie bisher nicht abzuhelfen war, kein Axiom machen. Da Therapien schöpferische Kräfte entbinden – und von Rudolf Steiner bis zur Maltherapie und zum Psychodrama auf Ausdrucks-Befreiung gerade angelegt sind –, ist schwer einzusehen, warum umgekehrt dem Künstler sein Handwerk nicht zur Konflikt-Bewältigung dienen soll. Es wäre aber auch schwer einzusehen, warum er in Therapiegruppen oder auf der Couch seine Konflikte, an denen er lebensbedrohlich leidet, nicht hergeben soll – wenn er sie nicht festhalten *will*; wenn sein Heilungswunsch nicht wenigstens zweideutig wäre.

Und dies ist wohl der Punkt: im Lebensverlust, den er in dieser oder jener Form fühlen mag, steckt auch ein Gewinn, von dem er sich nicht oder nicht mehr trennen kann. Ebenso stark wie das Leiden empfindet er, was er diesem Leiden verdankt. Bevor er seine Existenz, wie prekär immer, auf die Kunst stützte, hat er sie auf die »Krankheit« gestützt. Sie ist gewissermaßen sein erstes Kunstwerk gewesen, in dem nur die Misere zu sehen kurzsichtig wäre. Die neuere Psychosomatik hat die Krankheit als Heilmittel ausgemacht – als Selbstheilungs-Versuch, bei dem der Arzt – also auch der Psychotherapeut – sich die Hilfe nicht zu leicht machen soll (gerade nicht, wenn der Patient sie dringend erwartet). Denn diese Krankheit ist der meist unersetzliche Nothelfer gegen eine größere Not, der sie einen Riegel vorschiebt – und der durch ein anderes Heilmittel nicht beizukommen war. Welche Not? In meinem Fall habe ich eine Ahnung davon – Sie haben meine Kindheitsgeschichte gehört. Meist wird es sich um eine Not handeln, von der der Betroffene überzeugt ist, sie sei zu groß, als daß sie ihm vergeben werden könnte – eine *schuldige* Not also, eine Überich-Forderung, vor der er nicht zu bestehen glaubt – und davor in die Krankheit flüchtet, die zugleich eine echte Zuflucht ist. Denn sie bringt die Schuld zum Schweigen, indem sie ein Organ für sie sprechen läßt, das zugleich die Not anzeigt und um Hilfe ruft. Auch nach dem Arzt oder Psychiater ruft – aber der wird nicht helfen können, wenn er die Schutzfunktion der Krankheit nicht kennt und respektiert. Er wird deswegen nicht gar nicht helfen können, im Gegenteil: als teilnehmender Begleiter, der den Patienten trotz – wegen! – seiner frustrierenden Unheilbarkeit akzeptiert, wird er unentbehrlich sein.

Die Krankheit als Heilmittel: adäquat wird man diesen Selbstschutz auch im Fall seiner Wirksamkeit nicht nennen. Aber adäquat ist auch das Selbst nicht, das so geschützt werden soll – als inadäquat, ja minderwertig erlebt es sich vor dem Ideal, dem zu genügen es erzogen wurde. Was hilft da, wenn nicht Vortäuschung, Lug und Selbstbetrug? Widerstand, Aufstand gegen die Zumutung hätte wohl eher geholfen – aber erst hätte er Leid, Entfremdung, Liebesverlust hervorgebracht. Für das Kind in uns also Anlässe zur Todesangst, die wir, wenn wir uns ducken, zur Lebensangst zu verringern hoffen, als wäre diese harmloser, und stammte nicht aus derselben Quelle. Und doch: dieser Widerstand verschwindet nicht ganz aus der Welt, wenn wir das anders nicht erträgliche Leid zum Krankheitssymptom – oder in die künstlerische Arbeit – »verschieben«. Zum Kunstwerk Krankheit gehört schon der Widerstand gegen die Heilung, sozial gesprochen: gegen den Arzt. An dieser Krankheit ist etwas Gesundes, das wir uns nicht nehmen lassen: sie ist nicht nur Lüge, sondern auch Sprache, ja Geständnis. Der Kranke wehrt sich dagegen, daß ihm das Wort verboten, daß es mit einem Sprichwort oder einem Valium zum Schweigen gebracht wird. Nicht anders in der Kunst. Dem Manöver, der Vortäuschung, der Fiktion steht im Kunstwerk ein Moment der Revolte, des Aufbegehrens gegenüber, und nicht nur »gegenüber« – in ihrem unentwirrbaren Zusammenhang erst machen beide Komponenten die Wahrheit, sprich: Glaubwürdigkeit des Kunstwerks aus. Wir mögen wohl Künstler werden, um einen Grundkonflikt zu vermeiden – *wenn* wir es geworden sind, melden wir den Konflikt wieder an, und zwar deutlicher, unerbittlicher, vielleicht wirklich: repräsentativer als in jeder andern Sprache des Menschen.

39

Und das ist der Punkt, an dem das unvollständig Angepaßte der Künstler-Biographie, wenn man will: das Neurotische, kultur-verbindlich, ja: tendenziell kulturstiftend wird. Die Nicht-Angepaßtheit des Künstlers ist dann ein Wert, ja, sie ist im höchsten Grad realistisch, wenn und wo die Anpassung an die Tatsachen unmenschlich, ja lebensbedrohend wäre. Und auf welchen Gebieten der sogenannten Entwicklung wäre sie es nicht, von der Entwicklungshilfe bis zur euphemistischen »Entsorgung«? Die krebsförmigen Fortschritte, deren sich jetzt auch ihre Macher nicht mehr rühmen, verdienen unseren Widerstand – wohin kämen wir o h n e ihn?

Die Dissidenz des Künstlers vom »System« ist keine Ostblock-Spezialität. Daß ihm zu sagen gegeben ist, was er leidet, macht ihn zum Sprecher vieler, die leiden, ohne daß sie den Mund auftun dürfen oder können. Die Kunst-Freiheit ist längst ein Grundrecht, um das man nicht weniger zu kämpfen hat als um andere, scheinbar solidere Menschen- und Sozialrechte. Denn oft ist es n u r noch der Künstler, der in seinem privaten Raum ausdrücken kann, was im öffentlichen, im sozialen am meisten fehlt. Wo unerträgliche Tatsachen sich zu Sachzwängen verdichten und ihre Opfer so blind machen möchten wie ihre Hersteller, da behält die Kunst die Augen offen. Ihre private Vorgeschichte hat sie gelehrt, das Unmögliche möglich zu machen – aber auch: im Möglichen das Unmögliche zu spüren. Gesund, krank? Es war zweifellos neurotisch von Voltaire, das Erdbeben von Lissabon nicht zu akzeptieren, weder theologisch noch ästhetisch – aber es war, bis zum Unsinn, human. Don Quixotes Kampf gegen die Windmühlen war eine Selbsttäuschung: aber als Erinnerung daran, daß unser Dasein nicht realistisch ist, beschämt sie die Müller der Welt. Es war nicht natürlich, daß der nackte Affe sein stammesgeschichtliches Handicap überlebte: er mußte dafür das Unmögliche, in der Natur bisher nicht Mögliche tun. Und heute umgekehrt: er wird nur überleben, wenn er das in der Geschichte seiner Zivilisation bisher Undenkbare lernt: die Natur zu schonen, deren Teil er ist. Die Parole »Reich Gottes«, mit der sich die Stiftschüler Hegel, Schelling und Hölderlin in Tübingen trennten, war eine gewaltige Überforderung der menschlichen Geschichte, eine Utopie. Aber einer von ihnen nahm die realitätswidrige Maxime lebenslänglich, bis zum sogenannten Wahnsinn ernst: er ist dafür kein deutscher Professor geworden, aber ein Dichter, dessen Verse anzeigen, wo wir stehen. »Die Wahrheit ist, daß mir auf Erden nicht zu helfen war« – wohl wahr; aber die andere Wahrheit ist auch, daß Grenzsituationen vorkommen, in denen »Hilfe« sich geistig und körperlich verbietet, und wo darauf, daß Einem nicht zu helfen war, die Glaubwürdigkeit seiner Botschaft, der Realitätssinn seines Werks beruht. Ja, das Unmögliche, auf dem einer bestehen kann, ist nicht nur Spott oder Leid, wozu es der Angepaßte gern machen möchte. Wer dem Unmöglichen nachlebt, neurotischer- und konsequenterweise, ist auch eine Quelle des Neides für andere, die heimlich spüren, daß ihre Anpassung sie betrogen hat, daß ihre Seele daran verkümmert ist. Was gesund sei und was krank, darüber solle man dem Pfahlbürger das letzte Wort nicht lassen, heißt es bei Thomas Mann – zu ergänzen wäre, daß dieser Pfahlbürger in Mitleid und Schadenfreude sehr wohl durchblicken läßt, der »Kranke« habe das wo nicht bessere, so doch stärkere Teil erwählt. Der Verdacht, die Neurose könne ein unentbehrliches, ja lebensrettendes Produktionsmittel sein für den, der etwas daraus zu *machen* weiß, geistert auch durch die philiströseste Literaturgeschichte. Ihr Bedauern über die »Tragik« der künstlerischen Existenz ist auch Neid über deren Konsequenz – sie ist der Preis, den der Biedermann dem Phantasten abverlangt, bevor er ihn zu verklären bereit ist.

Da sind wir wieder: über die Zuständigkeit der Neurose entscheidet am Ende, was einer daraus zu *machen* versteht oder nicht. Wenn alles gesagt ist (aber wann wäre dazu alles gesagt, und warum brauchte man dann noch die Kunst?), soll auch nicht verschwiegen sein, daß man keinen ermutigen kann, Künstler zu werden. Literatur oder Therapie? ist als Lebensentscheidung keine Alternative. Die Einladung wäre frivol, den eigenen Konflikt zum Beruf zu machen, so lange jemand hoffen kann, mit ihm anders umzugehen. Leidensdruck ist kein Talentnachweis; die beschädigte Lebensgeschichte m u ß nicht veröffentlicht sein. Die humanste Form ihrer Veröffentlichung bleibt ein für die Person und ihre Partner befriedigendes Verhalten. »Er fragte nur nach seinem Werk« – das ist für jeden, dem das Leben besser gelingen könnte, ein leibloser Unfug. Den Weg zu einer guten Therapie kann man empfehlen – den in die Kunst kann man nur gehen.

Die Literatur ist »alles«, was ich habe und nicht habe – sie ist ein Ganzes im Bewußtsein seiner Verlorenheit. Die Kindheit, mit der dieses Bewußtsein erworben wird, wünsche ich meinen Kindern nicht – und doch muß mir dieser Besitz, die Entwicklung eines Mangels zum Produktionsmittel, so teuer bleiben, wie er von Anfang an gewesen ist. Die Literatur ist dem Rebellen auf der Straße nahe – aber »nahe auf getrenntesten Bergen«. Es ist das Hermetische ihrer Radikalität, was sie auf der Straße – und vor der Straße – nicht bestehen läßt. Aber der Schriftsteller hofft, daß das Resignative, das der Kunst-Form eigen ist, der fromme Trug ihres schönen Scheins, die Zeichen stelle für das Jenseits aller Niederlagen, die auf der Straße kommen müssen. Zeitlos wird die Kunst darum nicht – sie ist mit Leib und Seele historisch, zeitgenössisch ganz und gar. Nur als solche hat sie das Zeug, mit ihrer Zeit so unterzugehen, daß sie in den Genossen einer andern Zeit aufersteht. Dann zeigt sich das Zweideutige ihrer Form, um dessentwillen die Unvermittelten und Ungeduldigen, die Revolutionäre und Moralisten sie verworfen haben, als materielle

Qualität – als Chance für die Nachgeborenen. Es zeigt sich, daß sie »allem Abschied voran« (Rilke) gewesen ist.

Der Vorbehalt gegen die Straße, den die Kunst anmeldet, ist nicht unteilnehmend oder besserwisserisch. Sie erinnert sich nur an den WEG, der immer noch gangbar sein muß, wenn alle Straßen gesperrt sind; dann zählt der Vorsprung der Phantasie. Das Kunstwerk ist hermetisch, es kann nicht anders, denn es ist nicht es selbst ohne seine Grenzen; auf diese Grenzen, die »Form«, darf kein Schatten des Beliebigen fallen. Aber die Arbeit an diesen spielenden Grenzen ist ohne Selbstgefälligkeit; sie geschieht, im Geist der Überschreitung und Unterwanderung aller Grenzen; davon glänzt die »Form«, und von daher kann die Botschaft eines Kunstwerks gelesen werden wie die von Rilkes archaischem Apoll-Torso: »Du mußt dein Leben ändern.«

40

Der Gott, nach dem die Kunstwerke »hermetisch« heißen, ist kein Gott der Ordnung. Hermes wird im Versteck geboren, lügt schon aus der Wiege heraus, stiehlt, bevor er sich recht bewegt, und bestimmt sich selbst zum Gott. Er ist nie ein Kind gewesen und bleibt immer ein Kind. Er ist der Gott des Weges; er segnet das Diebische, und er läßt die Seele auch auf dem Weg in die Passion, zu den Schatten des Todes nicht im Stich. Er ist der wahre Begleiter, weil er der Bote des Glücks ist – des Glücks der Götter auch im »Abgrund«, in den das Sterbliche, nach Hölderlins Wort, »eh reicht« – eher als die oberen Götter also, mit Ausnahme des göttlichen

Schelms. Hermes allein ist sterblich genug, in die Tiefe zu führen, und wieder hinaus. Dazu darf er kein Engel sein; jedoch vermag er die Züge des gestürzten Engels auch im Fürsten der Hölle zu erkennen. Er liebt es, die obern Götter zu täuschen, zuerst Apoll, den er bestiehlt; daß der Führer der Musen als Schadenersatz die Leier geschenkt bekommt, besagt in der Sprache des Mythos, daß die Dichtung als *schöne* nicht für alle Wege ausreicht, am wenigsten für die dunklen. Dafür bedarf es der argen List, der Kunst, die das Böse nicht scheut um der Seele willen, die im Trüben noch mehr als im Klaren der Begleitung bedarf.

Hermes, der Gott der kräftigsten Mittel, ist kein Gott der schnellen Kompromisse. Denn über diese führt kein Weg in die Tiefe und aus ihr heraus. Der Mittelweg ist nie der Weg des Untergangs in die Fruchtbarkeit.

Der mythische Hermes ist kein Kuhhändler, sondern ein Herdendieb. Seine List sitzt im Konflikt und dient ihm zu, denn er ist das lebenskräftige Prinzip; seine Würde muß angemahnt werden gegen die Staatskünste der Götter und Behörden. Peter Bichsel hat in einem »Spiegel«-Essay zum Jahresende 1980 die Unruhe der Jugendlichen »unbestechlich« genannt; dieser Unbestechlichkeit, die eine des Gefühls, eine *gut reaction* ist, komme die offizielle Staatskunst nicht bei, sie müsse sich daran eine Blöße nach der andern geben. Dieses »so nicht!« spricht aber auch aus dem Zentrum des Kunstwerks. Es greift den Verdacht, »Position« zu sein, in sich selber an; es versäumt unerbittlich, »Stellung zu beziehen«. Es lebt davon, jenes Positive zu verweigern, das die Wohlmeinenden ebenso unerbittlich an ihm vermissen. Sie möchten es eingemeinden, für ihre Überzeugungen in Anspruch nehmen; sich diesem Anspruch zu verweigern, darin besteht seine andere Humanität. Es ist nicht gutmütig, wenn es gut ist; sein Dämon ist der sokratische der Negation, der Gegenfrage, die man ertragen muß, wenn man nicht nur klug bleiben, sondern weise werden will. Es sagt: noch nicht! oder: nicht mehr!, wenn die Parteien: nicht wahr? sagen. Seine Vieldeutigkeit ist, wie die des delphischen Orakels, ein Nein auf jede Frage, die die Antwort schon weiß und heimlich vorgeschrieben hat. Unter jedem Regime bleibt die Kunst so frei, dieses Nein auszudrücken. Man kann – Diktatoren wissen es am besten – Kunst ohne Nein nicht haben, weil man Kunst nicht *haben* kann; weil sie spielt, spielt sie dann nicht mit. Kunst und Literatur liefern der Macht keine Feigenblätter; was sie bieten, wenn man sie unterdrückt, ist nur noch die Kunst des deutschen Schamhaars. Wer sie nett haben will, macht sie belanglos oder pornographisch.

41

Die unversöhnliche Kunst, unversöhnlich noch im Kleide der Harmlosigkeit – welchen Klang nimmt ein Vers wie »die goldnen Sternlein prangen« im Zeitalter der Luftverschmutzung an! –, sie sympathisiert nicht mit den Unruhen und wird Anbiederung, wenn sie es versucht. Aber sie *ist* Sympathie mit der Unruhe. Sie ist brauchbar für jeden, der sich für das Unbrauchbare, weil nicht zum Verschleiß Bestimmte in der einzelnen Existenz, in der ganzen Zivilisation, wehrt. Sie ist ein Spiel, aber ein Spiel, das ernst macht mit der Forderung der Aufklärer, wonach der Mensch, als Zweck seiner selbst, für nichts und niemand Mittel sein darf – auch nicht Mittel für das Bruttosozialprodukt seiner Gesellschaft.

Das Beste, was ich aus meiner eigenen Geschichte machen konnte, war: den Weg in die Literatur weiterzugehen, bis zum Punkt der unmöglichen Umkehr, was auch heißen soll: nach meinen Kräften ein unversöhnlicher Schriftsteller zu werden. Ich bin es noch längst nicht genug. Daß das Beste in anderer Hinsicht auch das Bitterste ist; daß ich meine Biographie keinem andern wünsche, ermöglicht mir Sympathie mit den Subito!-Träumern und erlaubt mir kein Verständnis für die, die sie dafür prügeln. Aber es läßt mir auch keine passable Rückkehr zu einem naiven Engagement mehr. Und keinen gangbaren Ausweg in die Therapie, wenn Therapie heißen soll: die Prämissen, die mich zur Produktivität gezwungen haben, preiszugeben. (Daß Therapie auch etwas anderes heißen könnte, bleibe vorgemerkt.) Notwehr und Kompensation, vielleicht, ja gewiß: aber von ihren Früchten muß ich leben, auch wenn ich ökonomisch davon nicht leben könnte. Meine Sorge kann es nur sein, daß diese Früchte sich den Geschmack des Lebens, der darin aufgespart ist, nicht sauer werden lassen, auch wenn er aus bitterer Wurzel stammen sollte. Kunst ist weder Hilfe noch Lebensrettung für ihren Urheber. Die Kategorie des persönlichen Glücks ersetzt sie durch die des Gelingens. Aber was gelingt, ist auch ein Glück, denn es erhebt die an ihm Beteiligten zur Gefühlsfähigkeit. Ja, *erhebt*: auch im Schrecken, der durch das Hinreichende seiner Darstellung etwas anderes wird: »Viele versuchten umsonst das Freudigste freudig zu sagen / Hier spricht endlich es mir, hier in der Trauer sich aus.« Daß Gefühlsausdruck für solche, die von Trauer nichts wissen wollen, kein Glück ist, bedarf keiner Ausführung. Manche bringen ja ihr Leben damit zu, sich erfolgreich gegen Konflikte zu sperren. Aber diese Leute s i n d kein Glück, weder für andere noch für sich selbst. Das weiß der Psychotherapeut am besten und handelt danach. Er kann zum Leben helfen – das ist m e h r als eine Kunst. Die Kunst hilft nicht. Aber sie ist da, wo uns nicht mehr zu helfen ist; wo Hilfe nicht mehr helfen kann, nur noch Dasein. Sie spielt nur durch ihre Existenz mit unserer Existenz und leuchtet uns ein mit der Wirklichkeit ihrer Möglichkeit. »Wie es auch sei, das Leben, es ist gut« – diese Verse sprechen von keiner Erfahrung. Sie sind eine Erfahrung – quia absurdum. Sie entfalten ein Gefühl im Hörer, das mit Billigung des Unerträglichen nichts zu tun hat, aber auch über Mißbilligung erhaben ist. Amor fati – das wäre ein schlimmer Euphemismus, wenn es die Kunst nicht gäbe. Sie ist die gegenwärtige Erinnerung, daß wir auch das Äußerste, wenn der Schein der Wahrheit aus ihm leuchtet, wagen dürfen; aber auch, daß es letzte Dinge gibt, die nicht zu dulden sind, aber zu tragen. Kunstwerke sind im Grenzfall die einzigen Beweisstücke, wie viel wir aus dem machen können, was uns angetan wird.

Meine Eltern haben mich gezeugt und nicht besser beraten können als sich selbst. Sie haben an mir einiges versäumt, was schon an ihnen versäumt worden ist. Jedenfalls sind meine Eltern nicht an mir schuld. Der »schweinerne Vater« Georg Heyms war nicht schuld, daß sein Sohn in der Havel unterging. Anderseits gibt es an diesem Vater-Haß nichts zu zensieren. Die Frage ist: was hat der Sohn aus diesem Haß gemacht? Und wenn er die Perspektive von Heyms Gedichten verzerrt hat: was trägt diese Verzerrung zur besseren Sicht bei? Sind die Monstren, die sie erzeugt, die treffenderen Bilder jener kollektiven Schöpfung, die wir Geschichte nennen, als die Reden verantwortlicher Staatsmänner von damals? Der Erste Weltkrieg gab eine Antwort, die den puerilen Dichter weniger desavouiert als sie. Die strukturelle Ironie des »Mannes ohne Eigenschaften« beschämt jeden Realitätsverstand der Zwischenkriegszeit – durch sie blickt man auf das Ende des alten Europa, bevor es der Zweite Weltkrieg ratifizierte.

Aber das Recht der Kunstwerke beschränkt sich nicht auf das Rechtbehalten, und es ist nicht Scherz, was sie mit dem Entsetzen treiben. Sie treiben ihr Spiel damit, weil (auch die Therapie weiß es) dem Entsetzen oft nur noch das Spiel beikommt – denn das Spiel allein schafft jenen Bewegungsraum, der das Gefühl aus seiner Erstarrung befreit. Auch das frivole Spiel. Daß der Mensch nicht zu viel leide, sondern zu wenig, ist auf Anhieb ein frivoler Satz – ein Künstler-Satz Hofmannsthals, von dessen Provokation man nichts wegnehmen soll. Aber was sich auf den ersten Blick ausnimmt wie der gewissenlose Satz eines Ästheten, ist auf den zweiten Blick ein Satz des Glaubens, gesprochen im Vertrauen auf die Schöpferkraft der Not, die nicht nur beten lehrt – ums Leben nicht nur kämpfen, sondern auch spielen. Die Kunst befasse sich mit dem »Schweren« und dem »Guten«, so Goethe; und mit beidem sind keine moralischen Größen gemeint, sondern ästhetische Wahrheiten; eine Sache des geprüften Handwerks also, das seinen Sinn vermittelt über die Sinnlichkeit. Der Dienst am Unbrauchbaren, jenes Gelingen, dem in der Kunst das persönliche Glück geopfert wird, ist nicht sozial, sondern lebenswichtig.

42

Romantik? Im genauen Sinn. Denn in der Romantik ist der Begriff von Literatur nötig geworden, von dem hier ausgegangen wird. In jener Epochenwende vom absolutistischen zum bürgerlichen Zeitalter also, wo sich Künstler über das Auseinandertreten ihrer Produktion und der veränderten Produktions-Verhältnisse nicht mehr täuschen konnten – auch wenn sie den Riß noch eine Weile mystifizierten. Am Ende des 18. Jahrhunderts hatte die gesellschaftliche und technische Entwicklung die Erwartung romantisch, romanhaft werden lassen, wonach – mit dem frühen Lukács zu reden – Welt und Seele noch einmal kommensurabel würden. Das empfindende Subjekt war endgültig dazu verurteilt, »zu weit« zu sein inmitten arbeitsteiliger Enge und spezialistischer Reduktion, die den Fortschritt aller zu garantieren versprachen, aber unbekümmert waren um die Geborgenheit im Ganzen. Paradox schien, daß die Entdeckung der autonomen Person zusammenfiel mit ihrem historischen Verlust – parallel zur Entdeckung der Kindheit, die das unbefangene Kind-Sein verschlang und zum sozialen, pädagogischen, psychischen Problem machte.

Goethes »Farbenlehre« verteidigt gegen die neue Naturwissenschaft ein geschichtlich bereits »überwundenes« Konzept natürlicher Verwandtschaft, ja Kongenialität von Subjekt und Objekt. Dessen Betrachtung ist ihm noch ein Akt der Erkenntnis im biblischen Sinn: also der zeugenden Liebe zur sinnlichen Wahrheit. Im ungeheuren Spiegel der Natur entdeckt der forschende Narziß sein eigenes Lächeln wieder, ohne dem Größenwahn zu verfallen und Entzauberung fürchten zu müssen. Denn er beugt sich über einen *schaffenden* Spiegel; dieser zeigt ihm das Gesicht seiner Mutter, und das Geheimnis seiner Identität, als eines der erneuerten Schöpfung. Das ist Naturweisheit gegen »Objektivität«, erleuchteter Gegenwartssinn gegen wissenschaftliche Mechanik, der dieser demütig-hochsinnige, eher werbende als forschende Umgang mit dem Gegenstand zum Spott gedient hat. Damals schien dieser Spott die Sachlichkeit, die Zukunft für sich zu haben, weil er die Produktivkräfte zu entfesseln verstand. Heute empfinden wir, wie die technologische Zukunft jede Gegenwart überholt und entwertet. Am Ende der Weisheit dieser Wissenschaft steht das geklonte Leben. Was als gezielte Störung der Natur und ihres Gleichgewichts begonnen hat, mündet in die drohende Selbstzerstörung des ganzen Versuchs und seiner Versucher.

Goethe gilt, jedenfalls in der deutschen Geistesgeschichte, nicht als Romantiker, so wenig wie Schiller. Und doch ist seine Interpretation als »Klassiker« – wie die Angelsachsen immer deutlich gesehen haben – selbst eine romantische Unterstellung: als gehörte zum Klassiker nicht auch die Kultur, die ihn durch ihre Normen stützt und bestätigt. Goethe/Schiller aber sind eben darin repräsentativ, als sie die Repräsentation eines Ganzen nur noch dem Einzelnen zutrauen, allenfalls – wie beim späten Goethe – einem verschwiegenen Bündnis Einzelner. Jener Individualität also, die sich ihren Anspruch auf Unteilbarkeit durch keine Gewalt nehmen läßt, auch nicht diejenige neuer Tatsachen und »Sachzwänge«. Diesen symbolisch-ganzen Menschen stattet der Autor mit halbgeheimen Kenntnissen aus, die sein Überleben in der Entfremdung, seine Leben im Unleben erlauben sollen. Auch der Schiller der »Ästhetischen

Schriften« ist der Organisator und Ausrüster eines solchen Maquis der Humanität und geht davon aus, daß der Fortschritt **nicht** ihr Sachwalter sein wird. Die Erziehung zum Spielen, zum spielfähigen Menschen ist das eher kunstvoll als philosophisch herausspekulierte Heilmittel gegen das nicht nur drohende, sondern bereits triumphierende Spaltungsirresein des Maschinen-Zeitalters. Dieser Triumph wird noch im selben Jahrhundert so weit gehen, seinen Verächtern und Unvertrauten, allen, die sich nicht funktionalisieren lassen, den Befund »Schizophrenie« zu unterschieben.

43

Man kann die sogenannte deutsche Klassik heute als Verabreichung von Überlebens-Rationen verstehen, als Arsenal persönlicher Utopien, die zugleich praktikabel und zwecklos sind. Praktikabel, weil sie bestimmte, bedrohte Formen von Tätigkeit auch unter stärkstem äußerem Druck erlauben; zwecklos, weil diese Tätigkeiten der offenen oder heimlichen Sabotage unmenschlicher Zwecke dienen.

Und hier – in dieser Epoche der Gegen-Bewegung aller Kräfte, die die Abtrennung des Kopfs vom Gefühl, die Veruntreuung der ganzen Humanität nicht mitmachen wollen – hier findet sich auch jene unheimliche, aber notwendige Aufwertung des künstlerischen Abseits, die Verkündung des ästhetischen Glücks zur Steuer des vorhandenen und drohenden politisch-gesellschaftlichen Unheils. Das bürgerliche Zeitalter ernennt den Künstler zum Beleuchter seiner Nachtseiten und feiert ihn ideologisch dafür ebenso, wie es ihn faktisch dafür bestraft.

Diese Stellvertreter-Romantik, diese Künstler-Exklusivität ist wohl zu unterscheiden vom älteren Topos des Barden und Sehers, auch wenn sie seit Klopstock an ihn anknüpft. Zu Homer, Dante, Shakespeare hatte eine Polis, ein begrenztes Universum gehört, in dem die Empfänger der Botschaft beheimatet waren und das ihnen Repräsentanz garantierte. Erst jetzt, an der Schwelle des industriellen Zeitalters und seiner entbindenden Kräfte, erlischt diese Repräsentanz und wird abgelöst durch eine Kultur der Isolation – was, anders herum, auch bedeutet: eine isolierte, inselhafte Kultur. Die Kunst, als spezialisierte Ausnahme, die die Regel nicht bestätigt, gerät ins Zwielicht äußerster Geringschätzung und raunender Hochachtung. Sie kann ihren Widerspruch, wie Kassandra, nur anmelden um den Preis seiner Unwirksamkeit. Denn der Kunst, die jetzt »modern« genannt wird, fehlt der Anschluß an die Praxis aller übrigen Produktivkräfte, sie teilt nicht ihre zweckmäßigen Prämissen. So erscheint sie einerseits als Anachronismus, anderseits als Utopie; ihre Qualität, die sich der Meßbarkeit entzieht, stimmt nicht zu den Forderungen des Tages; ihre Nicht-Kooperation wird zur Herausforderung.

Der freie Markt, den das Kapital immer wieder erzeugt, um die Freiheit immer wieder gewinnbringend zurückzunehmen, hat nun auch den Künstler zum »freien« gemacht. Er muß sich als Narr oder Hofnarr verwerten. Dem Wert, den er qua Künstler hervorbringt, haftet ein Paradox an, daß er, sofern er ihn verkaufen kann, für seine Unbrauchbarkeit honoriert wird. Er erweckt einen Konflikt in den Teilnehmern der Gesellschaftsmaschine, den sie zugleich unterdrücken und suchen müssen. Das Kunstwerk, dessen Rezeption in Abwehr und Bewunderung gespalten ist, macht dem Kulturteilnehmer seine eigene Spaltung, wenn auch dunkel, bewußt. In dem Maß, als es »gelungen« ist, kann es seinem Abnehmer nicht ganz gelingen, sich mit ihm und mit sich selbst zu versöhnen. Am Konsum hängt ein Rest, der nicht zur Versöhnung geschaffen ist, sondern zur Erinnerung an ein verlorenes Ganzes. Dem Kulturbetrieb, der diese Tatsache zugleich verschleiern und ausstellen muß, haftet darum immer etwas Lächerliches an. Denn man kann die Kunst nicht »bejahen«, ohne innezuwerden, daß sie das Beweisstück verlorener Kultur ist; und man kann sie nicht ablehnen, ohne damit ihre Klage zu unterschreiben: daß wir keine Kultur sind. Unter Barbaren erscheint die Anmahnung des verlorenen Ganzen wie etwas Wildes, und der Versuch, dieses Wilde über den Kulturbetrieb einzugemeinden, ist etwa so befriedigend wie die Einrichtung von Indianerreservaten. Es ist das schlechte Gewissen der Industriegesellschaft, das den Kunstwerken ihre eigentümliche Wirkung garantiert. Und dieses schlechte Gewissen ist ehrlicher als die treuherzige Bewunderung, es ist vielleicht das beste Stück unseres sogenannten Kulturbetriebs. Denn in ihm steckt das Bewußtsein, daß wir nicht recht und ganz leben. Und dieses Bewußtsein wird merkwürdigerweise durch das gut Gemachte stärker aktiviert als durch das gut Gemeinte. Aufrufe zur Besserung können wir in den Wind schlagen und tun es auch. Aber das Kunstwerk steht gleichsam schon von Haus aus in jenem Wind, der geweht hat, wie er wollte. Es sagt nicht: tut Buße, oder: setzt das Rentenalter herab, höchstens: sieh mich an. Es genügt, daß es erscheint, sich zeigt in seiner *andern* Freiheit, damit der Betrachter etwas spüre wie: du mußt dein Leben ändern, oder: es könnte alles ganz anders sein. Das Kunstwerk befremdet, weil es ins Zentrum unseres Heimwehs trifft. Es hat, jenseits aller Worte, einen Komplizen in unserem Schuldgefühl. Damit ist nicht jenes Organ gemeint, das uns schuldig sprechen will, sondern eines, das uns spüren läßt, was wir uns und einander schuldig bleiben. Dieser Sprache kann man sich nicht einmal mit Gewalt verschließen, denn sie braucht selbst keine Gewalt und hat keine nötig. Wer nicht hören will, muß in der Kunst immer noch fühlen; das Kunstwerk sagt: du *darfst* fühlen. Und damit steht es gegen eine Welt der Entfremdung für eine eigene Welt. Seine Autonomie unterhält sich mit uns in der Sprache der Freiheit. Das Kunstwerk hat in die Form seines symbolischen Handelns gerettet, was der Inhalt unseres Lebens sein könnte.

Das heißt nicht, daß die Kunst-Form, um ein Ganzes vorzustellen, intakt sein müßte. Im Gegenteil, dann zeugte sie von Reflexschwäche, einem Teilnahme-Defizit gegen eine verlorene Welt. Sie wäre abgeleitet und epigonal, ästhetisch reizlos, keine Herausforderung. Eine solche ist die angefochtene Form, die ironisierte, fragmentarische, defekte – aber notwendig defekte. Die Scherbe ist das stärkere Bild des verlorenen Gefäßes als die vollständige Kopie, das Fragment redet vom Ganzen mit der Stimme der Wahrheit, auch wenn sie schmerzhaft ist. Dies inmitten eines Universums, dessen Teilbarkeit Epoche gemacht hat, das seine Geschöpfe auf Teilbarkeit hin konditioniert, weil sie so viel heißt wie: Funktionstüchtigkeit. Davon setzt der anachronistische Wahnsinn der Kunst ein Réduit des Unteilbaren ab, auch Elfenbeinturm genannt, wo andere Bräuche herrschen. Hier wird vom Regen so gesprochen, als ob wir ihn machen könnten, und vom Wasser so, als könnten wir es nicht verderben, und vom Menschen so, als könne er ein Bruder sein – aber auch ein Bruder wie Kain. Es wird phantastisch von ihm gesprochen, wo er Realismus für geboten hält, und realistisch, wo er sich etwas vormachen möchte. Es wird »als-ob« gesprochen, denn es ist deutlich, daß die Kunst nicht Realität abbildet, sondern sichtbar macht. Die Fiktion zeigt Schillers »weggegebene« Welt aus der Sicht des Gottes – »als ob« wir noch sein könnten, was wir zu unserem Schmerz nicht mehr sind: Schöpfer, nicht Macher; Entdecker, nicht Besitzer; Spieler, nicht Verwalter. Fiktion heißt nicht verminderte Realität, sondern Herstellung des möglichen Wahren gegenüber dem Positiven. Der Preis, um den diese Wahrheit vermittelt wird, ist der Schein. Aber dieser Schein hat die Kraft einzuleuchten; er ist eins mit dem Glanz sinnlicher Richtigkeit.

44

Zum Beispiel die »Zauberflöte«, ein Als-ob-Meisterwerk vollkommener Kindlichkeit, weil seine Kindlichkeit vollkommen zu täuschen vermag. Als ob die Krone des Lebens auf zwar dornigem, aber doch wieder sehr einfachem Weg zu gewinnen wäre – wiederzugewinnen, als hätten wir sie jemals besessen. Kinder, die spielen, sagen: wir wären jetzt ... Die »Zauberflöte« sagt: wir wären jetzt glücklich. Denn sind wir nicht dazu bestimmt, es zu sein? Es ist die Oper der Einweihung ins Mögliche; das Erinnerungsmärchen von der verschwiegenen und am Ende belohnten Beharrlichkeit.

Könnte das Paradies menschenfreundlicher eingerichtet sein? Und doch ist der väterliche Zauberer, der es verwaltet, nicht das Glück, sondern ein Dämon der Zweideutigkeit; und doch unterdrückt die kristallhelle Moral der Oper die Königin der Nacht und mit ihr die Nachtseite seiner und unserer Welt. Das ist schwerzunehmen im höchsten Sinn, dem des Spiels; ihm wird auch das feierliche Initiationsritual ausgeliefert. Der in Liebessachen regelbrüchige Papageno bekommt nicht minder recht vor der Moral des Kunstwerks, wie der lange Atem, der Tamino, dem Helden, abverlangt wird. Ja, bei der ersten Liebesbegegnung mit Pamina vertritt Papageno, der Vogel-Mann, die Stelle des Wahren Prinzen, zum Zeichen, daß der Weg zum Herzen nicht nur Sache des Kopfes, der Geduld und der Treue ist: der Schalk tut das Rechte, auch wenn er nach der Standesregel nicht der Rechte ist. Diese Regel, das Herr-Diener-Muster der Komödie, wird also ebenso bestätigt wie unterlaufen; das gilt aber für jede Regel in diesem Spiel. Für den Musik-Autor, der hier am Werk ist, darf auch die Regel Schein werden; er entdeckt ihre menschliche Seele in der Abweichung. In dieser Abweichung erst wird die Signatur des WEGES sichtbar, geheimnisvoller als jede Freimaurer-Draperie. Die Komposition selbst ist gleichsam die Summe der Abweichungen, im Spiel aufgefangen und im Gleichgewicht gehalten – eine Balance, deren Vollkommenheit so fabelhaft wie prekär ist. Ein Ton zu wenig, ein Wort zuviel, und der Schein würde Täuschung oder Lüge. Nur im Raum der Kunst bewahrt die Seifenblase ihre Form. Aber auch: nur in dieser Form spiegelt sie die Träume, die unser Wesen bestimmen, wahr genug. Es sind beileibe nicht nur Träume vom Glück, sondern auch von unserer Sterblichkeit, und also vom Tod. Ihnen den Schein von Unsterblichkeit zu leihen, dem menschlichen Zufall den Glanz des Notwendigen, der Zweideutigkeit die Richtung des Weges zu geben, ist das Privileg des Kunstwerks – teuer erworben um den Preis seiner Fiktionalität, will sagen: seines realistischen Verhältnisses zu unserem Defizit an Kultur.

Sollte Kunst in solcher Form nicht heilsam sein? Wo ihre Musik hinreicht, und so lange sie dauert, schmecken wir den Tod nicht mehr. Sie gibt keine Antwort auf tiefste Fragen; sie ist, an jeder Stelle ihrer Oberfläche, Frage und Antwort zugleich; sie macht keinen Unterschied zwischen Tiefe und Oberfläche. Was aber sagt diese Oper anderes als, Takt für Takt: ICH BIN EIN SPIEL; und welche Frage läßt sie bestehen als: spielst du mit? Sage keiner, daß diese Frage nur süß sei; sie ist es so wenig wie Mozarts Musik. Die Einladung zum Spiel ist für jeden, der sich ein spielerisches Verhältnis zu seinem einzigen Leben abgewöhnt oder verboten hat, a u c h bitter; wie das Gefühl, das in erstarrte Hände zurückkehrt, Schmerz ist, bevor es Wärme werden kann. Die sterbliche Schönheit ist eine Provokation im Angesicht des Todes, und ihre Kraft richtet sie auch gegen das Respektable in uns; jene »reif« genannte Haltung, die gerade angesichts des Todes ernst zu machen entschlossen war und nichts von dem, was sie erworben hat, verschenken will. Aber auch diese Reife wird von Mozarts Musik angefochten; sie lockt mit einer Möglichkeit, die noch über Reife und Würde geht und, wenn sie nicht in höchstem Grad unschuldig wäre, die Humanität kränken müßte: der Möglichkeit, daß wir selbst ein Spiel SIND; daß der tiefste Ernst nichts zu bedeuten hat, wenn er nicht mit diesem Spiel zusammenbestehen, ja sich in ihm wiedererkennen kann. Das vollkommene Kunstwerk legt die Möglichkeit nahe, daß wir »zu stark unterscheiden« zwischen Leben und Tod (so Rilke in den »Duineser Elegien«) – diese Erinnerung trifft alles in uns, was zum Richten geneigt ist. Denn in welcher Furcht können wir gehalten werden ohne die Todesfurcht? Das ist die Frage von Mozarts Musik: welche Furcht hätten wir nötig, wenn der Tod seinen Schrecken verlöre? Auch zur Selbstbehauptung lächelt die Kunst. Das verzweifelt-man-selbst-sein-Wollen verliert angesichts der »Zauberflöte« das einzige, worum es kämpft, seine Würde; auch das verzweifelt-nicht-man-selbst-sein-Wollen hat seinen Lohn dahin. Geschenkt, sagt die Kunst, weil die Verzweiflung nicht das letzte Wort behält über die Seele, sondern das Spiel; das Spiel auch mit der Verzweiflung. Alles, was Leistung ist: geschenkt; die Mühe wird nicht nur beschämt durch ihre Entkräftung; sie darf ihr auch noch zustimmen. Sie erlebt die Umkehrung ihrer Werte mit Vergnügen. Keine Realität mehr gibt das Maß her, vor dem sich die Kunst zu rechtfertigen hätte, diese Realität selber bedürfte der Rechtfertigung, wenn nicht auch sie geschenkt wäre. Neben der Erfindung erscheinen die Tatsachen, mit denen wir leben, als »fable convenue«, und jeder Grundsatz als noch nicht gemeistertes Spiel. Selbst das Prinzip Hoffnung.

Die »Zauberflöte« erklingt an der Schwelle der Romantik; noch herrscht ein vorwaltendes Leitendes in der Kunst; und schon ist es ein Spiel. Der Zauber entfaltet sich auf dem Hintergrund der Entzauberung und entfaltet seinen Glanz als Schein über ihrem Abgrund. Die Welt kann nie mehr Oper werden; von diesem Bewußtsein lebt die Oper. Überall sonst ist das Zwecklose degeneriert zum Ancien Régime, und das Zweckhafte erobert seinen Markt, die Welt. Die Grenzen des Kunstwerks sind empfindlich für das, was ihnen aus der Welt zustößt; darum erleben wir sie als Wunder der Form. An dem, was sich in Mozarts Musik von selbst zu verstehen scheint, ist nichts Selbstverständliches mehr. Das Kunstwerk hat ein neues Mittel nötig, um zu bestehen: das radikale Spiel mit sich selbst. Es entwickelt seine Schöpfung im Geiste der Ironie. Es feiert nicht mehr nur das Mögliche, es triumphiert als eigentlich schon Unmögliches.

Heilsam? ja – wenn wir zur Einsicht in das Unheilbare bereit sind. Wir spielen nur vorübergehend mit; einmal ist für jeden von uns die Welt vorbei. Das Kunstwerk ist auch für seine Empfänger nicht gemacht zur Heilung von Not und Angst. Es behebt die Mißstände nicht, die Not und Angst auslösen. Schon ihrem Urheber hat »Die Zauberflöte« keine Sorge abgenommen; sie hat ihm kein Jahr seines kurzen Lebens dazugeschenkt. Die Kunst erleichtert keinem den Umgang mit den andern oder mit sich selbst.

45

Man muß, wenn man die Kunst gegen Therapie-Erwartungen in Schutz nimmt, zusehen, daß man sich nicht in die falsche Gesellschaft begibt, die mit der Heillosigkeit der Kunst allemal gut gelebt und sie zum Aushängeschild ungestörten Wohlstands erniedrigt hat. »Wie es auch sei, das Leben, es ist gut«, ist kein Satz, den Ausbeuter und Parasiten in den Mund nehmen sollten.

Ihnen gegenüber ist die Erinnerung am Platz, daß die Kunst, die sie feiern, einen Mangel anzeigt; sie illustrieren ihn auf ihre Weise. Die Phantasie steht nicht auf der Seite derer, die nicht wissen, wie man unter ihr leidet; unter der realistischen Phantasie zum Beispiel, daß wir im Begriff sind, unsere Lebensgrundlagen zu erschöpfen; daß jeden Tag ein paar Tausend Kinder an Wassermangel sterben, zu deutsch: verdursten; daß die Entwicklungshilfe, die wir praktizieren, dieses Zerstörungswerk beschleunigt. »Wie es auch sei, das Leben, es ist gut« – das Gedicht, in dem dieser Satz steht, gibt die Situation an, in der er gesprochen werden durfte. Er wird bezahlt durch die Nähe des eigenen Todes, die zugleich die Nähe zu einem geliebten Menschen ist – ein Mitternachtsgedicht (»Der Bräutigam«). Ein Dieb, wer sich solche Sätze zu eigen macht, ohne sie mit dem eigenen Leben zu decken. Das Lob der Heillosigkeit, das sich in der Dichtung findet, wird niemals ohne Schärfe gegen die Heillosen gesungen; die Klage der Menschlichkeit wird zur Anklage werden im Ohr derjenigen, die die Menschlichkeit durch Tat oder Unterlassung verwirken. Die Kunst ist nicht positiv; am wenigsten bedient sie Positionen, die nur »kultiviert«, aber nicht sozial sind. Gut ist die Kunst nur solchen, die das Herz haben, am Ende ihrer Weisheit zu sein.

Kunst lieben heißt nicht, Kunst gut sein lassen. Sie ist das Menschliche im Ausnahmezustand der Gnade; sie leuchtet nur dem, der fassen kann, daß die Ausnahme n i c h t die Regel bestätigt, also nicht blind, sondern sehend und empfindlich machen soll für diese. »Nur um der Hoffnungslosen willen ist uns die Hoffnung gegeben.« (W. Benjamin) In seinen Grenzen mag das Kunstwerk vollkommen sein. Aber wer das Begrenzte dieser

Vollkommenheit nicht als Verpflichtung zur Teilnahme sieht, für den sind auch jene Grenzen nicht schön, für den haben sie nichts Bindendes und nichts Lösendes. Das Kunstwerk ist anders, damit wir, einmal wie für immer, erfahren, daß Anderssein möglich ist. »Du sollst dein Leben ändern« ist keine Diätanweisung für Verfressene – freilich auch keine Direktive für konkrete Handlungen. Aber als symbolische Handlung spricht das Kunstwerk eine Einladung zur Handlungs*fähigkeit* aus – und macht Lust dazu; das Werk will sich fortsetzen in Bewegung. Wer nur folgenlos genießen kann, kann sich dafür nicht auf die Autonomie des Kunstwerks berufen; sie ist, als Kraft in der Möglichkeitsform, das Gegenteil von Selbstbefriedigung und Selbstgenügsamkeit. Das Kunstwerk ist denen keine Hilfe, die keiner Hilfe bedürfen.

Denen aber, die sie brauchen können, wird sie freilich nicht als »Hilfe« angeboten – Lebenshilfe ist kein mögliches Ansinnen an das Kunstwerk. Es ist Form gewordene Sehnsucht – sentimentalische Kunst, wie es, nach Schillers Definition, jede ist (auch die Goethes mit ihrer »Zweiten Unschuld«, dem kunstvollen Schein von Naivität). Sie ist ein Zeugnis des Nicht-Habens und Nicht-Seins – »der eine hat's, der andere liebt's«. Aber es macht sich lesbar als Demonstration gegen das Haben, und für das andere Sein. Kunst ist, wie jede Geburt des Eros, ein Kind des Mangels u n d des Reichtums. Der Mangel ist die Wahrheit, der Reichtum ist die Kraft, mit der der Mangel offenbart wird. Das Ganze ist ein Spiel »als ob« – als wäre die Kunst, wenigstens sie, ein Ganzes, und das Ganze keine Kunst, sondern unsere Bestimmung.

46

Schlimm, wenn wir vergessen, daß sie es ist. Und schlimm, wenn wir vergessen, daß die Tatsachen nicht mitspielen; wenn wir nach dem Schein mit Händen greifen. Kunst, der Realität aufgesetzt, wird zum Blendwerk. Das politische Äquivalent des großen Ganzen ist der Faschismus: die ästhetische Fassade der Politik. Es gibt nichts so Spielfeindliches und -verderberisches wie die der Realität oktroyierte Ganzheitsphantasie: vom Sonnen- bis zum Polizeistaat. Da wird die innere Ordnung zum Hohn auf sich selbst und zur Gewalt gegen die Geordneten. Kein Zufall, daß das ehrwürdigste Konzept dieser Art, die »Politeia« Platons, mit der Verbannung der Dichter beginnt. Die große Dichtung ist nicht herrschaftlich und widersteht der Herrschaft, sogar der legitimen. Sie läßt sich nicht brauchen für die »Forderungen des Tages« und ist in kein anderes Medium übersetzbar, auch nicht in bester Meinung. Kunst sei das Gegenteil von gut gemeint, so Gottfried Benn. Sie redet wahr nur in ihrem eigenen Medium, hier abkürzungsweise »Form« genannt (»ein Geheimnis den meisten«); in dieser, *als* diese entfaltet es seine sinnliche Wahrheit wie das Wassergewächs im Meer. Am öden Strand der öffentlichen Meinung, des Rechtdenkens und Rechthabens, wird es nicht nur hinfällig, es beginnt auch zu stinken.

Aber auch seinen Autor erleuchtet das Kunstwerk nicht; es führt kein gerader Weg von der ästhetischen Kompetenz in die soziale Verantwortung. Was hat der Autor den Lesern zu sagen, die sich nicht an sein Buch halten wollen? Die in seiner Person allerlei Lebensweisheit und Seelenstärke vermuten, von der sie sich etwas abschneiden wollen? Hinter dem Buch steht nichts, was mitgeteilt werden muß. Der Autor sollte klug und höflich genug sein, die Rolle des Ratgebers abzulehnen. Denn seine Freundlichkeit ist zweifelhaft – nicht nur, weil sie ihn überfordert und von seiner Arbeit abzieht. Sondern weil das, was als Mitteilung gelten kann, auf einem andern Blatt steht. Manchmal gelingt ihm ein bißchen Seelsorge, aber diese kostet ihn oft mehr Kraft als eine Geschichte, und man kann wetten, daß auch sie eine Geschichte ist – nicht die »Wahrheit«, die zu verbergen er so viel Grund gehabt und gesucht hat, bis sie wenigstens als Geschichte stimmte. Und nur als Geschichte. Die schamvolle Erfahrung, daß er die Nächsten nicht anders als durch Schreiben auf sich aufmerksam machen konnte, muß ihn mißtrauisch machen gegen die Rolle des Briefkasten-Onkels. Seine Produktivität hat keine sozialen Wurzeln, und sie zielt nicht auf das Soziale. Ob der in seinem Bedürfnis nach menschlicher Nähe und Würde Beschämte Häuser anzünden wird – etwa den Tempel von Ephesus –, um sich zu wärmen, oder ob er sich einen »Namen« als Künstler schafft, ist nicht immer ausgemacht. Der Typus des Hochstaplers sitzt in beiden Existenzen, und er ist noch der harmloseste. Daß Kriminalität und Kunst benachbart seien, kann man bei Goethe nachlesen, der von keinem Verbrechen gehört haben will, das er, unter bestimmten Lebensumständen, nicht hätte begehen können, oder in Thomas Manns abgründig klugem Aufsatz »Bruder Hitler«. Der Wunsch, geliebt zu sein, scheut keine dunklen Wege, Erfüllung notfalls durch »Größe« zu ersetzen. Gerade lese ich, in der Lastwagenkabine des »Yorkshire Rippers« habe man einen Zettel gefunden, in dem der unauffällige Mr. Sutcliffe sich Energien zuspricht, die eine

Nation in ihren Grundfesten erschüttern könnten. Sein Pech, daß er ein paar arme Mädchen auf dem Altar seiner zerstörten Mutterliebe opfern mußte, statt, wie Hitler, der schrecklich geliebte Große Bruder zu werden.

Wohl verleitet die Einbildungskraft den Künstler zur Sympathie mit den minder Begünstigten. Sein Schuldbewußtsein ist eine gute Schule dafür. Hier vermute ich die Wurzel des »Engagements«. Aber leichthin läßt es sich nicht umdeuten in eine philanthropische Qualifikation. Die Teilnahme am »Minderwertigen in uns selbst« ist labil und kann auch beim Künstler immer umschlagen in Abwehr des »Minderwertigen« in der Kultur, in die elitäre Pose und Praxis. Wer »groß« werden mußte, wird nicht erwachsen; im menschlich günstigsten Fall erlaubt ihm die Kunst, einen reicheren, bewußteren Umgang mit seinem Stoff, den Erfahrungen. Er macht weiterführende Erfahrungen damit; diejenige, daß Mangel gestaltungsfähig ist, ist wohl die solideste. Vielleicht lernt er den Spiegel, der ihm das gewünschte Selbstbildnis nicht zurückwerfen will, freihalten vom trüben Hauch seiner Kinderängste, er lernt am Ende sein Gesicht, wie es ist, annehmen. Aber restlos wird beides nicht möglich sein, und für die Kunst nicht einmal wünschbar. Er lernt die Scham über sein Nichtgenügen vertiefen zum Bewußtsein von Schuld – denn der Narziß bleibt ja nicht nur seiner eigenen Entwicklung alles Mögliche schuldig, er wird auch zum Schuldner derer, die ihn trotzdem ertragen. Aber diese Schuld wird abgetragen – wird sie es je? – als Schuldigkeit gegenüber seiner Arbeit, die dadurch Kunst wird, daß sie ebenso Trauerarbeit ist wie paradiesische Phantasie, Unglück *und* Spiel mit dem Unglück. Bei der Gestaltung seiner Bedürfnisse greift er immer wieder auf infantile Muster zurück und nährt sich von ihnen. Er möchte wünschen, sie zu überwinden, aber er kann es nicht wünschen, denn sie sind eine Quelle, auf deren Ergiebigkeit er sich verlassen kann. Daß der Mensch nur ganz Mensch sei, wo er spiele, ist nicht die ganze Wahrheit der Ästhetik; er muß spielen, weil er nicht ganz Mensch ist, und weil er daran verzweifelt ist, es hinreichend zu werden. So ist er ein schwer erträglicher Zeitgenosse, und unzuverlässiger Freund, ein schlechter Parteigänger, ein schwieriger Partner. Seine Zuständigkeit endet an der Grenze seiner Arbeit. Als Bescheidwisser über Gott und die Welt überschreitet er sie.

Er ist darauf angewiesen, mit allem in Kontakt zu bleiben, was in ihm selbst unbewältigt ist, unreif, unterdrückt und erlösungsbedürftig. Da freilich keine gesellschaftliche Instanz eine vergleichbare Fühlung hält, gewinnt er doch eine öffentliche Stelle, auch wenn ihre Umschreibung immer lächerlich und anmaßend ausfällt. Aber der Untergrund privater Konflikte, mit dem der Künstler kommuniziert, ist auch die Wachstumsschicht geschichtlicher Entwicklung. So ist die »Kulturträger«-Rolle keine ganze Lüge, sondern auch so etwas wie ein seismographischer Dienst. Dem »gewöhnlichen Asozialen« nimmt man so leicht nicht ab, was ihn dazu gemacht hat und was ihn drückt – dazu müßte sich die Gesellschaft, als Organisation der Bedrückung, selbst in Frage stellen. Dem Künstler, der diese Grundfragen verschlüsselt, im Kunstwerk vermittelt stellen kann, nimmt man sie manchmal ab, man versucht sie ihm sogar abzukaufen. Seine Prämiierung bedeutet die glorreiche Ausnahme, die die Regel menschlichen Unglücks widerlegen soll.

Nur: das Hofnarrenkostüm deckt die Wunde nicht;

gerade als »schöne Kunst« ist die Kunst nicht schön, sie trifft. Der Narziß wird selbst zum Spiegel, seine eigene Entstellung stellt die Kenntlichkeit unserer Lage her. Im Asozialen geht die Notwendigkeit des Sozialen auf; ihr Schein hört plötzlich auf, Überfluß zu sein (auch wenn wir, nach Brecht, für diesen und nicht für die Notdurft leben); sie leuchtet durch die Sinne unserem Gewissen ein, rührt an unsere soziale Scham und zündet ihr heim – »heim«, das ist dann auch der »kranke Nachbar« des Matthias Claudius, der Andere.

Daß die Kunst der Not spottet, ist freilich auch wahr – es ist auch wahr, weil es auch Schein ist. Sie spottet der Not, weil uns der Vorschein des Glücks, seine Gegenwart im Gelingen einer Arbeit ebenso not ist wie Speise, Trank und Wohnung. Der »sichere Weg, das Glück zu finden«: hat Kleist diesen Vorsatz in seinen Werken, seinem Freitod verleugnet? Er hat ihn auf die Spitze gestellt, im steigernden Zeichen seiner Hoffnungslosigkeit. Da die Sibylle die Bücher seiner Zukunft verbrannte, mußte er sein Angebot für zu gering halten und zahlte um so teurer für das letzte Buch – jedes war das letzte –, in dem Hoffnung zum Wahnsinn wird. Am Ende stand seine Glückserwartung nackt vor dem zerbrochenen Spiegel, und an seiner Stelle öffnete sich jener Abgrund, endlich tief genug, um jauchzend in ihn hineinzustürzen; mit einem Du, das so gut wie erfunden war, denn die Gefährtin hatte ebenfalls der Hoffnung spotten gelernt und suchte im Tod nur noch das Glück.

47

Therapie hat in diesem Traktat bisher soviel wie Psychotherapie geheißen, ein Verfahren nach Freud – und auch n a c h Freud im Sinn der Überholung seiner historischen Prämissen. Die Selbst- und Gruppenerfahrungen, die ich gemacht habe, sind Teil einer Szene, die viele Außenstehende und Enttäuschte selbst für die Krankheit halten, die sie zu heilen vorgibt. Jedenfalls steht sie im Mode-Verdacht und ist, für die Mehrzahl der Zivilisationsteilnehmer, unerschwinglich – nicht nur aus ökonomischen Gründen. Denn Konflikte wahrnehmen, heißt natürlich: mit Konflikten leben, und keinesfalls einfach besser leben. Im Alltag der Verdrängung heißt das soviel wie: Konflikte schaffen. Die Geschichten von zerbrochenen Ehen, versuchten oder gelungenen Selbstmorden sind keine Märchen. Flickschusterei ist kein Ziel guter Therapien mehr, sie nehmen sich heraus zu stoßen, was heimlich fallen wollte, und Funktionstüchtigkeit ist es eben nicht, was sie »wieder« herstellen. Man hat sich zu fragen, ob die Urzustände, die viele neuere Therapien freilegen, tragbar und lebbar sind bei unveränderten Strukturen der Rahmen-Gesellschaft; ob die Verdrängungs-Leistung, die Freud selbst noch als unvermeidlichen Preis der Zivilisation betrachtete, nicht als bessere Gutschrift für ein erträgliches Leben gelten muß als die tägliche Leistung der Konfliktoffenheit. Ihr Druck muß gegen die Normen des Arbeitsplatzes und des Nachbarn ertragen werden; die Strukturen fehlen, die ihn auffangen, Abweichung belohnen – es sei denn in einer dauerhaften Therapiegemeinschaft oder einem therapeutischen Beruf. Wer sich auf diesen Weg begibt, gleicht jenen »Enterbten«, die jede große Umkehr der Welt erzeugt und denen, nach Rilkes Wort, nicht mehr das Frühere und noch nicht das Nächste gehört.

Kunst und Literatur sind zunächst geringere soziale Wagnisse als solche Therapien. Denn das Kunst-Produkt hat noch seinen wenn auch prekären Platz in der »alten« Gesellschaft; es wahrt den Schein, ihrer Kultur anzugehören, ignorierbar oder folgenlos zu sein. Wer sich aber in eine Therapie begibt, verletzt einen Vertrag mit der besten aller Gesellschaften (denn jede positive ist sich selbst die beste, auch wenn sie pro forma ihre Reformbedürftigkeit einräumt); sie wird diese Kränkung nicht einfach hinnehmen. Der Therapiesuchende riskiert also, daß er sich übernimmt: den alten Anpassungsgewinn verspielt, ohne eine reale Lebensaussicht dafür einzutauschen. Mode hin oder her: der therapeutische Weg verlangt den Überzeugungstäter, einen Menschen, der die Folgen seines Leidens auf sich nimmt, weil er nicht nur von dessen privater Bedeutung, sondern auch von seinem kulturellen Signalwert durchdrungen ist.

Ich habe berichtet, warum ich mich diesem Weg nicht gewachsen fühlte: weil ich mit der Einbuße meines Leidens meinen Kunst-Gewinn zu verlieren fürchte. Aber ich mache kein Hehl daraus, daß ich den Weg der Therapie für lebenswichtig halte. Es ist der Weg dessen, der, anders als die Jugendbewegung, *weiß*, daß er etwas zu verlieren hat. Die neue Therapie spielt sich zunächst in einem privilegierten Raum ab. Aber er ist auf Überschreitung angelegt; und so hoch der Preis der Freiheit dann sein mag: ihr Wachstum rechne ich zu den hoffnungsvollen Zeichen der Gegenwart.

48

Und was ist mit der Schulmedizin, die nach Brauch und Gesetz ein Zuständigkeits-Monopol auf unsere Leiden beansprucht? Ich habe sie kennengelernt und in meiner Frankfurter Poetik tapfer angeschwärzt – und mich, als ihren widerwilligen Komplizen, damit. Wir sind noch weit entfernt, ihre Autorität praktisch anzufechten, auch wenn der Zulauf zum sogenannten Kurpfuscher, zu alternativen »natürlichen« Methoden auf ein Malaise, eine tiefgehende Lücke des immerfort verbesserten Angebots deutet. Meine Biographie hat mich, als Krankenschwester-Sohn, vortrefflich wo nicht zum Glauben, so doch zum Aberglauben an die Schulmedizin zugerichtet. Bündiger als sie kann mir keine andere Instanz versichern, daß »alles gut«, daß also auch ich in Ordnung sei – oder daß es sich um eine begrenzte Beanstandung, ein reversibles Elend handle. Der Gnaden- und Liebesersatz funktioniert immer wieder, dessen Gebrauch oder Mißbrauch ich bis zur Selbstverstümmelung getrieben habe. Denn was sie mir an lokalen Beschwerden auszutreiben vermag, treibt die List meiner süchtigen Unvernunft hinterrücks wieder ein.

Kann die Schulmedizin das Prinzip Therapie überhaupt vertreten, wenn vom Verhältnis zur Literatur die Rede ist? Daß viele meiner schreibenden Kollegen ausgemachte Hypochonder sind, bei meiner Gefangenschaft in der Symptombehandlung also mitgehangen werden müßten, ist freilich wahr und manchmal tröstlich. Ich habe anzudeuten versucht, wozu unsereins die *begrenzte* Behandlung nötig haben mag. Aber es bleibt eine Vermutung zu skizzieren übrig, warum die Medizin ihrerseits diese Grenzen nötig haben könnte; warum sie sich so schwer tut, sie in der Praxis zu überschreiten und die Grenzüberschreitung bei ihren Patienten zu ertragen, statt zu bestrafen.

Da ist wohl ein unbehagliches Kollusionsverhältnis zu vermuten zwischen spezialisierter Medizin und spezialisierter Kultur, das weiter her ist und tiefer reicht als mein Stück Lebensgeschichte. Wie sollte die gespaltene Wurzel unserer westlichen Zivilisation neben einer defizienten – »sentimentalischen« – Kunst nicht eine halbschlächtige Heilkunst hervorgetrieben haben, obwohl – oder weil – die Antworten, die jede auf die Unheilbarkeit des Menschen gibt, so entgegengesetzt scheinen? Was die Romantik der Kunst, ist der naturwissenschaftliche Realismus der Medizin: eine Utopie; mehr oder minder eingestanden im einen Fall, eher verschleiert und verleugnet im andern. Gegenüber dem Positiven leistet sich die Kunst den Schein der Destruktion; die Medizin hält am Konstruktiven, ja am Euphemismus fest: das sind zwei Seiten *eines* Komplexes von Entfremdung. So tröstlich, wie die Schulmedizin sich gegen das Leiden stellt, darf sich kein Kunstwerk zu sein erlauben, es wäre sein Untergang im Trivialen. Der technische Arzt bezieht sein Pathos aus der Vertreibung des Leidens und des Todes, und, da sich beides nicht wohl eliminieren läßt, aus der Verdrängung von Leid und Tod. Da Verdrängung aber nie ein gewaltloser Prozeß ist, kann ihr Selbstverständnis noch so tröstlich-beschwichtigend sein: ihre Praxis ist aggressiv. Sie handelt so, als ob die erlaubte Schärfe, mit der sie sich gegen die feindliche Krankheit, den fremden Aggressor wendet, nicht zugleich einen lebendigen Menschen träfe. Darum muß sie für immer größere Schmerzen, die sie immer größeren Leiden verschreibt, auch immer stärkere Anästhetika einsetzen. Sie sind der Euphemismus in chemischer Form und geben zugleich das Prinzip zu erkennen, das diese Medizin wider ihre besten Absichten beherrscht: Unempfindlichkeit. Denn wer die Krankheit als etwas Fremdes und Isoliertes behandelt, muß auch den Körper, der von diesem Fremdling aus dem Hinterhalt angefallen, rätselhaft beschmutzt wird, dem Gefühl des Heilers entfremden. Die Rechtfertigung dafür ist so plausibel wie verräterisch: wohin käme der Arzt mit seinem Mitleid; wäre es nicht, als Überschwemmungskatastrophe, das Ende seiner Kunst? In der Sympathie mit dem Kranken scheint etwas Apokalyptisches zu lauern, vor dem man sich in die Freundlichkeit der Routine retten muß. Gewiß, die Götter in Weiß sind ein billiges Ziel, und ein kurzschlüssiges: als Personen beginnen sie auszusterben, damit freilich auch ein Rest mythologischer Autorität, deren Schatten noch immer zu heilen oder wenigstens einzuschüchtern vermochte, wenn man an sie glaubte. Als *strukturelle* Autorität bleibt die weiße Gottheit freilich in Kraft und leugnet ihren Schatten. Die Aufklärung möchte wenigstens Kranke heilen, wenn schon nicht die Menschheit.

49

Denn mit dem Stichwort »Romantik« ist ja nichts anderes bezeichnet als Folge und Reaktion auf die Ausrufung eines heilbaren, humanisierbaren Universums. »Ausgang aus der selbstverschuldeten Unmündigkeit« hat Kant die Aufklärung, diese noble Zumutung an den Menschen, genannt. Im Verlaß darauf, daß er selbst

Natur sei, Selbstzerstörung also nicht befürchtet werden müsse, sollte er die Natur anders und besser nützen lernen. Die Schuld dafür, daß dies noch nicht geschehen war, suchte man jedenfalls in Deutschland nicht zuerst bei den Machtverhältnissen, lieber bei der sittlichen Unvollkommenheit und philosophischen Schwäche der Subjekte – Mängeln, denen mit Vernunft und Moral, diesen edleren Anlagen der Menschennatur, zu steuern war. Licht zu verbreiten zuerst im Kopf, dann im Staat, das war ein Bedürfnis, das sich im bürgerlichen Deutschland auf die Philosophie warf, da die politischen Verhältnisse nicht danach waren; und im späteren 19. Jahrhundert, als sie immer noch nicht danach waren, um so nachhaltiger auf Technik und Wissenschaft. Als Naturwissenschaftler, Ingenieur, Eisenbahnbauer, Fabrikant, als Maschinist aller Grade tat der Mensch die Pflicht, die ihm die Philosophen als einem *ganzen* Menschen zugedacht hatten; statt der Arbeit am Ganzen lernte er wenigstens ganze Arbeit tun. War die Natur am Anfang der unerschöpfliche Lehrmeister gewesen, dessen Lektionen ganz von selbst zur Demut anhielten, dessen Gesetze auszuforschen eine neue adäquate Art von Gottesdienst war: so wurde, mit dem Fortschritt seiner Beherrschbarkeit, der Gott immer mehr zur Materie, die man verbessern und verwerten konnte. Die Schuldigkeit gegen die Natur, die man nicht als ihr Sklave, sondern als ihr mündiger Helfer zahlen wollte, schlug um in ein immer unbegrenzteres Herrschaftsinteresse, dessen Organisation dem Individuum Schritt um Schritt die Freiheit abnahm, die sie ihm versprochen hatte. Statt der erträumten Autonomie der Person gediehen die Mittel, die sie garantieren sollten, zu autonomen Größen von unbeherrschbarer Eigengesetzlichkeit. Die technisch und ökonomisch vermittelte Autorität des Sachzwangs deckte sich mit dem Mantel der Vernunft, ohne daß diese ihrerseits, wie zur Zeit ihres großen Wurfs, durch Rücksicht auf den Menschen gedeckt gewesen wäre. Auch die Unerschöpflichkeit der Natur erwies sich als Mythos; innerhalb weniger Generationen zeigte sie an, daß ein zählendes und rechnendes Verhältnis zu ihr nicht nur ohne den Wirt, sondern gegen den Sinn der Wirtschaft gemacht war. Die Technik, im vorindustriellen Zeitalter Not-Behelf oder Spielzeug, erzeugte im technologischen die Zwecke immer selbsttätiger, deren Erfüllung sie diente, schuf sich ihre eigenen Objekte und band ihren Gebrauch an immer weiter entwickelte Formen der Ausbeutung der Natur und des Menschen. Die klassische Aufklärung hatte sich das neuartige Verhältnis von Objekt und Subjekt als Vertrauensverhältnis gedacht – des tendenziell kongenialen Selbstvertrauens mit dem von Gott inspirierten Naturgesetz. Die autonome Technik setzte dieses Verhältnis neu als eins der Widerstände und ihrer Überwindung, also der Auseinandersetzung auf der Basis gegenseitiger Fremde – als Machtkampf. In seiner Konsequenz führte er dahin, daß die Verfügungsfreiheit gebunden wurde an die Objekt-Fähigkeit, die Objekt-Förmigkeit auch der Subjekte selbst. Der Freiheitsgebrauch, als Genuß gedacht, wurde zur Konsumpflicht, ohne welche die Maschinen, das technische Kapital, nicht gelaufen wären.

Auch die alte Heilkunst entwickelte sich immer deutlicher zur medizinischen Technik. Und je weiter sie fortschritt, desto mehr trieb sie den Körper, an dem sie sich bewährte, in die Isolation. Das Kollektivum »Krankengut« ist keine böse Erfindung, denn als Objekt, das sie gebrauchen konnte, war der Patient kein Einzelfall mehr, sondern eine Variante in einer Reihe. Die medizinische Wahrheit über ihn als Fall wurde immer mehr im Abwesenheitsverfahren ermittelt: nicht der Körperkontakt, sondern das Labor bestimmt endgültig, was ihm fehlt: dort wird das Leiden meßbar, vergleichbar, berechenbar. Wenn der körperliche Eingriff, die ultima ratio, unvermeidlich ist, findet er in Narkose, also unter Ausschluß nicht nur des Leidens, sondern auch des Leidenden statt: hier erscheint er in Objektform, wie nur noch in der Anatomie, wo dann das letzte Wort über die Krankheit gesprochen (oder verschwiegen) werden kann.

Im Chirurgen, der früher nicht einmal als Arzt gelten durfte, stellt sich die moderne Medizin noch am ehesten als Person dar; in seinem Bild trifft der Mythos der technischen Allmacht nochmals mit dem Anachronismus des begnadeten Hand-Künstlers zusammen. Hier kämpft der maskierte Dirigent des OP, mit sterilem Zeug bis zu jenen Zähnen gerüstet, durch die er seine kurzen brüsken Kommandos ausstößt; wo um ein Leben gerungen wird, muß sogar Fluchen erlaubt sein. Das ganze Team ist ein Bild aseptischen Gehorsams und kompetenter Strenge. In den Händen des Chefs sitzt jenes Feingefühl, das der Apparat noch nicht ersetzen und der Mensch nicht entbehren kann – ein Trost für die Trivialliteratur, deren Phantasie sich an die Taten und Leiden des großen Mannes in Weiß heftet wie nur noch an die des Frauenarztes. Wo aber der Stahl nicht hinreicht, muß es der Strahl tun – abermals ein Verfahren im Zeichen gewalttätiger Unsichtbarkeit, eine Körperverletzung, deren Grenze man genau zu bestimmen hofft. Es sind ja die schlechten Zellen, die leiden sollen, nicht die guten.

Die *eine* Krankheit aber, die sich auf diese Selektion nicht recht einlassen, der Technik nicht fügen will, wird nicht umsonst »bösartig« oder »heimtückisch« genannt, jedenfalls in der Todesanzeige. So wird dem Verdacht begegnet, die Medizin habe nicht das Notwendige getan, oder dem dunkleren: der Patient sei an dieser Krankheit schuldhaft beteiligt. Im Kontakt mit Todkranken pflegt immer noch jener muntere Euphemismus vorzuherrschen, mit dem man sie zu ermutigen meint – obwohl man sie eher mit der Anstrengung belastet, Schmerz und Trauer nicht nur vor ihren Angehörigen, sondern auch vor dem Arzt geheimzuhalten. Todesangst wäre ja Undank und Defätismus, mit dem man ihn zu verschonen hat; der Kranke spürt, daß er seinen Tod dem Heilpersonal eigentlich nicht antun dürfte.

Aus der technischen Medizin ist eine immer umfassender gewordene Veranstaltung gegen den Tod geworden. Man könnte ihren Grundsatz leichter respektieren, wenn sie weniger Abschirmung gegen Kritik nötig hätte, wenn ihre Maßnahmen nicht das Leiden, das sie attackieren, nur verschöben aus dem Symptomatischen ins Fundamentale, wo keine pharmazeutische Hexenkunst mehr hinreicht. Oft ist der Aufwand, mit dem der Krankheit begegnet wird, in der Wirkung fataler, auch würde-loser als diese selbst. Krankenhäuser und erst recht Pflegeheime sind zu Isolierstationen geworden, die das Leiden, das sie nicht eliminieren können, wenigstens sozial tarnen, optisch zum Verschwinden bringen. Sie verstecken hinter ihrem teuren Apparat, diesem von jedem Stimmvolk diskussionslos bewilligten Aufwand schlechten Gewissens, daß wir Leidende im Grund nicht leiden können, weil wir Leid nicht ertragen. Das Leben, das wir für lebenswert halten wollen, ist zum Abziehbild jener Gesundheitsreklame geworden, an der sich auch die Suchtmittel – jedenfalls die sozial zugelassenen – kräftig beteiligen. Der sogenannte Normalverbraucher wehrt sich gegen jede Erinnerung daran, daß er sich selbst verbraucht, und läßt sich von einem neurotischen Begriff der Fitness an der Nase herum führen. Wer ausfällt, ängstigt die Gesundheitskonkurrenten und bedroht ihre hochbezahlte Sicherheit. Er wird mit seiner Scham allein gelassen, auch wenn sich die Wohlstandsgesellschaft seine Behandlung etwas kosten läßt. Wehe ihm, wenn er davon nicht gesund wird, dem Spielverderber Tod zuneigt. Mit der Aggressivität der Behandlungsmethoden gibt die Medizin zu verstehen, daß Krankheit nicht sein darf, daß sie – oder doch ihre Symptome – mit allen Mitteln einer spezialisierten Industrie bekämpft werden muß. Gesundheit als Leistung, Krankheit als Leistungsabfall, Tod als Verweigerung – auch im Krankenhaus herrscht die Leistungsgesellschaft, liegt der Kranke in der Erwartung, daß er sich bewährt, zum Beispiel »Immunkompetenz« entwickelt. Die Krankheit muß gestellt werden wie ein Feind.

Wer sollte leugnen, daß sie unter diesem Druck in der Tat manche ihrer klassischen »Bilder« preisgegeben hat, daß die aggressive Medizin nicht grundlos auf Erfolge pochen kann und daß mancher Patient, der vor einer Generation »aufgegeben« worden wäre, ihr sein Leben verdankt? Die Frage: was für ein Leben? pflegt im Rahmen der Medizin selten gestellt zu werden; und dafür ist ihr wohl die Mehrzahl der Patienten dankbar. Auch sie wollen ihre Krankheit als begrenztes Ereignis verstehen. Aber wer den bösen Blick hat, wird sogar beim Sprachgebrauch der Lebensretter – »steril«, »antibiotisch« oder

»negativ« – zusammenzucken. Er wird im Sterilen das Unfruchtbare wittern, im Antibiotischen das Lebensfeindliche, im entlastenden »negativ« eine schon zur Routine gewordene Umkehrung der Werte. Das limitierte Selbstverständnis der Medizin läßt sich immer als Tugend rechtfertigen. Aber die Not, die dabei untergeht, will nicht *nur* diskret bleiben; sie will nicht nur behandelt, sondern verstanden sein. Der kranke Mensch hat die Krankheit ja nicht nur (oder sie ihn), er *ist* krank; er hätte einen Anspruch darauf, nicht nur zu wissen, wie seine Krankheit heißt, sondern was sie ihm sagt.

Will er es wirklich wissen? Wenn ich mein eigenes Krankheitsverhalten betrachte, bin ich mir nicht so sicher. Auch ich suche den Arzt, der sich an meine Symptome hält und sie auf ihrer Ebene behandelt. Ich melde einen Mißstand an, aber scheine seine Dechiffrierung nicht zu wünschen; jedenfalls lautet der Vertrag, den ich mit dem Arzt schließe (die Kollusion, zu der ich ihn einlade), auf die Sprache der Schulmedizin. Sollte meine Krankheit weiter her sein, so beteilige ich mich an der Verdrängung ihrer Gründe und bitte höchstens um ihre Ursachen. Ich möchte mich nicht entdecken, sondern versichern. Darum biete ich »objektive« Symptome an und wünsche ihre Beseitigung, wie die eines Fremdkörpers.

50

Es ist dafür gesorgt, daß meine Schelte der Schulmedizin auf schwachen Füßen steht. Und doch wünsche ich mir mein Verhalten anders und kann es mir anders vorstellen. Das beweist mein medizinisches Suchtverhalten (die »Hypochondrie«) bei fortbestehendem Mißtrauen gegen die Wirksamkeit der Droge – die durch Verschiebung der Symptome gleichsam neu getestet, aber auch zwanghaft wieder gebraucht wird. Mein Privatproblem? Oder der pointierte Normalfall eines Konsumverhaltens, mit dem der medizinisch-pharmazeutische Komplex rechnet, auch wenn seine Träger diese Behauptung weit von sich weisen? Sie können ja nicht wünschen, daß ihre Kundschaft nicht braucht, was sie gelernt hat. Sie zahlt der Industrie ihre Produkte; diese nimmt ihr dafür ihre Krankheiten ab.

Ich stelle mich als abschreckendes Beispiel dar – aber nicht, um einer unheimlich gewordenen Schulmedizin die Kritik zu ersparen. Ihre ehrenhafte Wurzel liegt in der Aufklärung, aber ihr Fortschritt hat die vortrefflichen geschichtlichen Gründe, die es für ihn gab, verdunkelt – so sehr, daß man sich fragt, ob diese Gründe damals schon ganz zureichend gewesen sind; ob die Spaltung in Subjekt und Objekt, welche die moderne Wissenschaft zur Methode machte – und die einfach zum Synonym für Naturwissenschaft geworden ist –, recht weise oder natürlich gewesen ist. In der stärksten Energie, die sie entfesselt hat, steckt nicht nur das Potential zur globalen Selbstzerstörung. Als Spaltungsprodukt weckt sie auch den Verdacht, daß dieser Wissenschaftsbegriff immer nur entdecken kann, was ihm gleicht. Er hat die kleinsten sinnvollen Elemente der Materie *verletzen* müssen, um seinen Zweck zu erreichen. Es mag eher magisch als wissenschaftlich gedacht sein, wenn man die Sprengkraft der Kerne als Aufstand der Materie gegen ihren Mißbrauch erlebt; wenn man *fühlt*, daß die Bewegung, in die sie unter solchem Eingriff gerät, den ehrfürchtigen Namen Naturgesetz nicht mehr ganz verdient. Die Naturwissenschaft selbst mußte ja in diesem Jahrhundert erfahren, daß die kleinsten Elemente der Materie sich weigerten, Objekte im bekannten Sinn zu werden; daß sie sich nicht beobachten lassen, ohne sich durch die Beobachtung zu verändern. Der Schluß ist heute nicht mehr ganz unwissenschaftlich, daß das Objektiv auch schon in der Zeit seiner Unschuld das Objekt präjudiziert – ja, daß es, weit entfernt, seine Objekte zu entdecken, sie eigentlich hervorgebracht hat. Was wir »Wissenschaft« nennen, entpuppt sich immer deutlicher als eine self-fulfilling prophecy, deren Anspruch die Tatsachen sich eine Weile spektakulär gebeugt haben – bis die Natur am Ende ihrer Geduld zu demonstrieren scheint, es sei nicht ihr Sinn, gebeugt zu werden. Wissenschaft als Umgangsform mit der Natur, als kulturelle Konvention, die bestimmt, was geht, und was nicht? Es ist kein gemütlicher Verdacht, der uns da dämmert; denn wenn es wahr ist, daß wir die Qualität einer Zivilisation an ihren Früchten erkennen, muß die Lebenswahrheit der unseren tiefen Zweifeln unterliegen. Und es könnte fatal werden, daß die entwickelten Völker, unter denen dieser Zweifel umgeht, offenbar fortfahren *müssen*, ihr Brauchtum bei den weniger entwickelten als Norm zu verbreiten und als Fortschritt zu verkaufen.

»Du gleichst dem Geist, den du begreifst, nicht mir« – so der Geist der Erde zu einer Zeit, als der faustische Erkenntnisdrang noch als zukunftsreich gelten konnte, auch wenn jene große Dichtung bereits das Neurotische daran bloßgestellt und die Opfer beim Namen genannt hat. Die Ausbürgerung des Menschen durch die Technik hat bei Philemon und Baucis nicht innegehalten. Der

Geist, der findet und schafft, was ihm gleicht, hat Epoche gemacht; aber gleicht dieser Geist noch uns? Hat er eines der Bedürfnisse, die er unablässig anmeldet, zu erfüllen verstanden?

Was als Heilkunst begonnen hat, ist immer mehr zur Betriebsanweisung eines ungeheuren medizinisch-technischen Apparats geworden. Angesichts seiner Erfolgsmeldungen bleibt die Erinnerung angebracht, daß die moderne Medizin so wenig heilen kann wie diejenige des Mittelalters – daß sie mit ihrer Tendenz, den Unterschied zwischen Heilen und Kurieren zu verwischen, eher hinter diese zurückgefallen ist. Was nur die Natur tut, kann der Arzt nicht, aber er wird es auch nicht können müssen. Es ist nicht seine Schuld, wenn das Kraut gegen den Tod in keinem Labor gedeiht. Aber Hybris ist es, den Anspruch, den die Natur im Leben wie im Sterben auf den Menschen anmeldet, zu verkürzen. Die Technik hilft nicht gegen den Tod – sie hilft aber auch nicht zum Leben. Hinter der heftigen Debatte um den »würdigen Tod«, so lichtscheu einige ihrer Motive auch sein mögen, steht die Revolte zugunsten eines würdigen Lebens – nicht nur, nicht erst im Krankenhaus. Diese Revolte greift zu kurz, wenn sie sich festbeißt im Anspruch auf mehr oder weniger Morphium vor dem Exitus. Der Tod aus Gnade ist ein schwacher Ersatz für versäumte Grazie im Leben. Was ein dunkles Bewußtsein bei der Medizin einklagt, ist der Anspruch auf ein ganzes Leben.

51

Dazu gehört die Anerkennung des Leidens. Denn Leiden fällt nicht vom Himmel und kommt nicht von nichts. Es ist so gut wie Glück und Freude Ausdruck des Menschen, Bekräftigung seiner Ganzheit in Gestalt ihres Mangels, ihrer fühlbaren Beeinträchtigung und Entbehrung. Als Agentur der Leistungsgesellschaft will die hochspezialisierte Medizin diesen Anspruch nicht hören und kann ihn nicht deuten. Wenn sie ihn durch ein Palliativ, eine Symptombehandlung für abgegolten hält, wird sie zur Ersatzhandlung und spottet eines tieferen Bedürfnisses. Es ginge ja nicht darum, die Gesellschaft so reibungslos wie möglich von einem unproduktiven Element zu befreien – auch wenn der Betroffene selbst die Unterdrückung seiner Krankheit als Befreiung erfahren mag. Es ginge um die Produktivität der Krankheit selbst, ihre Anerkennung als Lebensäußerung, die freilich, ungehört und unverstanden, zum Tode führen kann – oder zu einem Leben ohne Leben. Es ginge darum, zu erfahren, *wozu* ein Mensch krank wird, statt nur immer besser wissen zu wollen, *wie*. Wie beziehungsreich die Krankheit spricht, weiß die Redensart oft besser als die Schulmedizin. Was mir auf den Magen schlägt, über die Leber kriecht, an die Nieren geht, ist kein Zufall, der erst auf dem Röntgenschirm einen Sinn ergibt. Im Gegenteil: generalisierbare Krankheitsbilder vertuschen gerade das Persönliche ihrer Herkunft, und wer sie bekämpft – wer sie bekämpft –, gleicht dem Mann, der seinen Schlüssel, den er unterwegs im Dunkeln verloren hat, vor der Haustür sucht, mit der Begründung, hier habe er besseres Licht. Die Bemühung der technischen Medizin, der Krankheit eine diagnostische Fremdsprache zu oktroyieren, kommt häufig einem Sprechverbot gleich. Auf diese Weise bringt nicht nur der Mediziner sich selbst um das Verständnis der Krankheit, er unterbindet auch dem Patienten die Verständigung mit ihr; also ein Stück heilsames Selbstverständnis.

Der größte technische Aufwand kann so einen andern, unersetzlichen »ersparen«; im schlimmsten Fall führt er zu einem unverstandenen Tod. Der mit immer neuen Krankheitsbildern zum Arzt wandernde Patient ist der unglückliche Figurant einer ihrerseits unheilen, an vordergründigen Fronten sich mühenden Medizin. Ihre unbestreitbaren Erfolge an einzelnen Schauplätzen – Seuchen, bestimmte Infektionskrankheiten, Kindbettfieber – werden durch ihre Hilflosigkeit gegenüber einer neuen Generation von »Krankheitsbildern« wettgemacht, deren Sammelname »Zivilisationskrankheiten« schon das Eingeständnis epochaler Inkompetenz verbirgt und ans Pleonastische grenzt. Ja, der Verdacht geht schon eine Weile um, daß die technologische Medizin an der Herstellung der Krankheiten, die den Krankheitsbildern zugrundeliegen, beteiligt sei, nicht nur, weil die »Nebenwirkungen«, die sie für ihre Krankheiten in Kauf nimmt, den Leidenden oft stärker angreifen als das sogenannte Heilmittel. Aber selbst wenn der Fortschritt der Medizin unzweideutiger wäre: ganz offensichtlich ist es nicht der einzige Sinn der Krankheit, beseitigt zu werden. Über den »Magen auf Zimmer 11« ist leicht spotten; schon schwerer wäre es einzusehen, daß wir mit dem Satz: »Ich habe Bauchweh« ebenfalls die Fremde unseres Körpers bestätigen. Müßten wir nicht sagen: »Hier tue ich mir weh?« Natürlich wissen wir, warum wir es nicht tun – außer im Schutz einer Bioenergie-Gruppe. So verantwortlich für unseren Körper, will sagen: für uns selbst, wollen wir denn doch nicht sein. Und die Medizin weiß, warum sie uns diese Zuständigkeit abnimmt.

52

Das Ende des Aufklärungs-Optimismus – ja, es hat, nicht nur in der Medizin, wohl schon im Anfang gesteckt. Die Freiheit, Gott und Welt gegenübertreten zu können, war nicht nur ein Sieg über die eigene Natur, sondern auch ein Raub an ihr. Die Wissenschaft tat, indem sie zu den Phänomenen den Abstand der Beobachtung öffnete, eine Front auf, an der sie nicht siegen – oder nur siegen konnte. Denn die geöffnete Kluft diente wohl der Erkenntnis, aber die Erkenntnis diente nicht dem Erkennenden; gerade das Dienen war ihre Sache nicht. Subjekt und Objekt konnten einander nur im Zeichen gegenseitiger Entfremdung so reinlich begegnen; die Ergiebigkeit der Konfrontation verbarg dem Erkenntnisinteresse, daß es dem Verständnis viel und fast alles schuldig blieb – auch dem Verständnis des Forschers für sich selbst. Hatte, im Zeichen schierer Not, das Verhältnis Mensch–Natur den Namen Partnerschaft noch nicht verdient, so verdiente es ihn nach der Emanzipation des Subjekts bald nicht mehr. In der Auseinandersetzung mit der zum Objekt avancierten und heruntergekommenen Natur entwickelte das Subjekt mit seinen Beherrschungstechnikern zugleich seinen eigenen Objektcharakter, und seine Autonomie wurde zum Wahn. Weltbeherrschung ohne Weltentzweiung, ohne Weltentfremdung war nicht zu haben; und diese nicht ohne Selbstentfremdung der neuen Urheber, der Autoren der neueren Geschichte.

Wenn Romantik die Einsicht in eine gespaltene Zivilisation, ein »sentimentalisches« Verhältnis zur bereits abgetrennten Natur, wenn sie Verlust des Ganzen bedeutet – dann war die bürgerliche Aufklärung schon in ihrem Frühling Romantik gewesen, wenn auch, mit starken Gründen, ohne Einsicht in ihre Verluste. Die romantische Kunst – diejenige Goethes voran – wußte bereits, was sie verloren hatte, sie lebte aus dem Heimweh, auch wenn sie ihm utopische Ziele setzte. Die Naturwissenschaft aber träumte nun erst recht den Traum von der großen Zusammenführung der Objekte, die sie behufs besserer Beobachtung trennte; sie wollte nicht wissen, daß diese Beobachtung, und wozu sie gebraucht wurde, die Trennung immerfort reproduzierte und unteilbar machte.

Heute bietet sie selbst ein hoffnungsvolles Bild der Verwirrung. Daß die »Psychosomatik« genannte Richtung der Medizin allmählich zu Ehren und sogar zu Instituten gekommen ist, läßt sich als Selbstheilungsversuch der Schulmedizin sehen – wenn auch nach ihren Methoden. Denn der Wortzwitter bleibt nicht nur sprachlich eine unzureichende Konstruktion. Für den Laien bleibt erstaunlich, wie schwer in der Medizin das Selbstverständliche zu machen ist: die Behandlung der Krankheit als eines Ganzen, als Äußerung eines Menschen. Die Maschine sträubt sich natürlich gegen jeden Gedanken an Unzuständigkeit; mit der Folge, daß sie den Verdacht nährt, den sie entkräften will, und ihr die Patienten davonlaufen. Heute begegnen sie zum Glück auf der Flucht manchem Arzt, der weiß, wovon sie reden – oder wofür sie die Krankheit sprechen lassen. Freilich sind den Ärzten, die sich in der »Psychosomatik« unterrichtet haben, die Grenzen dessen bewußt, was sie tun können – vielleicht zum ersten Mal *schmerzlich* bewußt. Wenigstens wissen sie besser als ihre Kollegen, was sie lassen dürfen; das ist schon viel. Und es gelingt ihnen leichter, ihren Patienten etwas zu *sein* – kompetente, phantasiebegabte, auch humorvolle Begleiter der Krankheit. Nicht nur diese wird ernst genommen – damit wird auch sie endlich ernst genommen. Das heilt noch nicht, aber es hilft.

53

Natürlich hat die neue Naturwissenschaft auch für die kranke Seele längst einen Empfänger entwickelt: den Psychiater. In früheren Jahrhunderten hatte er als Irren- oder Nervenarzt freilich weniger den Kranken als ihrer Sequestrierung gedient. Diese Rolle des Gefangenenwärters ist die Psychiatrie noch nicht losgeworden, auch wo sie die gröbsten Mittel der Selbstverteidigung verlassen hat. Was dem somatischen Mediziner heute das Antibiotikum, ist dem psychiatrischen der Tranquilizer und das Antidepressivum: eine Ruhigstellung der abweichenden Lebensäußerung, ihre Verbannung ins Subakute. Aber auch wenn die Gesellschaft für diesen Beruf dankbar schien – der Seelenarzt konnte sich über das »Ganzheitliche« des »Befunds«, mit dem er zu schaffen hatte, auf die Dauer keiner Täuschung hingeben. Die »Krankheitsbilder«, die er ihm anprobierte, waren immer lückenhafter und unsolider als diejenigen der Körpermedizin. Das Gefühl dafür, daß das »Monstrum der Testfall der Humanität« (Hans Mayer) sei, ließ sich nicht ganz wegspezialisieren. In keinem Feld der Medizin mußte die Klage des Leidens so deutlich als Anklage gegen die gesellschaftlichen Prämissen der Behandlung gehört werden. Die berühmte Psychiaterweisheit, die Sprache der Schizophrenen sei so uneinfühlbar wie diejenige der Vögel, ist nicht nur durch den Fortschritt der Ornithologie widerlegt. Der Spruch fällt zurück auf den Sprecher und sein Amt; er bringt nicht die Wahrheit über die Kranken, sondern über ihre Behandlung zum Ausdruck: den Grad von Selbstschutz und Verdrängung, der sich darin verbarg. Die neue Anti-Psychiatrie nähert sich allmählich der Weisheit, die Naturvölkern vertraut ist: daß die sogenannten Irren nicht nur, wenn sie Hölderlin oder Walser heißen, der Gesellschaft eine lebenswichtige Botschaft über ihre Normen mitzuteilen haben. Als Irrer gilt, wer, ohne Rücksicht auf soziale Folgen, seine Nicht-Anpassung lebt; dabei kann er einer Wirklichkeit auf der Spur sein, die die empfindlicheren unter seinen Wärtern beschämt. Wie entsetzlich man dieses »Krankengut« veruntreuen kann, beweist die psychiatrische Ausbürgerung der Dissidenten. Aber auch wohlmeinende Gutachten verwenden das zur Lebensform gewordene Leiden eines Menschen zu seiner Denunziation. Da wir einem psychisch Kranken seine störenden Gefühle nicht nehmen können, sprechen wir ihm liberalerweise die Verantwortung dafür ab und salvieren damit unser Gewissen. Leben, das stört, darf sein – um den Preis seiner Entmündigung.

54

Wie könnte die Gesellschaft ihre Verdrängungen ertragen, wenn sie sie nicht in *den* Verdrängten bestrafen dürfte. Freud wußte, warum er für seine Psychoanalyse die Schutzzone der parzellierten Wissenschaft beanspruchte und das Etikett »Nervenarzt« zu tragen fortfuhr. Es hat ihn so wenig vor Verfolgung bewahrt, wie er selbst seine Trieblehre vor dem Übertreten ins Soziale und Politische bewahren konnte. Denn ein Patient, der sich sein Leiden mit Freuds Modellen erklären lernt, muß wünschen, seinen Umgang mit dem verbotenen Trieb zu entlasten, sich zu verändern; humanerweise kann er diesen Wunsch nicht nur für sich empfinden. Auch der gesellschaftliche Anteil an diesem Unterdrückungsmechanismus bedarf der Remedur. Wer Freuds Kulturpessimismus nicht teilte – wonach eine Entlastung der Gesellschaft im Ganzen nicht möglich, nur die palliative Therapie des Einzelnen zu verantworten ist –, für den war die psychoanalytische Revolution keine Metapher, sondern eine Aufforderung zum Handeln. Die Analyse drängte nach Verallgemeinerung und wurde Sozialkritik. So konnte, gegen seine Absicht, aber mit seiner Logik, Freud neben Marx zum Sprenger überlieferter Systeme werden – auch des historischen Sozialismus, der die Psychologie von Individuen und Gruppen an ihren Klassencharakter gebunden und als mechanisch abgeleitetes Überbau-Phänomen betrachtet hatte. Sie rächte sich für diese Enge und schlug mit den 68ern als Welle zurück. Heute kann man sehen, daß der psychische Aufstand weiter reichte als seine politischen Anlässe und diese überlebt hat. Als der Impetus zur Veränderung sich am Widerstand der Institutionen, aber auch an den Widersprüchen der Kämpfer selbst gebrochen hatte, blieb der Therapie-Wunsch übrig, in mancherlei Gestalt: als Nach- und Trauerarbeit am eignen äußern Scheitern. Und als mögliche Fluchtwelt, die man vor kurzem noch denunziert hatte – um langsam zu entdecken, daß sie eine Insel ungehobener Schätze war, daß die Flucht nicht nur die Vernunft für sich (grade nicht nur die Vernunft), sondern das Zeug zu einer Entdeckungsreise hatte. Nach dem Kurs der Konkurs – aber bei der Liquidation begannen so viele verschüttete Quellen zu fließen, daß diese Not-Phase der Revolte nicht nur erfinderisch gemacht, sondern auch Folgen gezeitigt hat. Auf zahllosen Inseln der Selbsterfahrung werden veränderte Umgangsformen miteinander und mit sich selbst eingeübt. Daß sich diese alternativen Stützpunkte mit dem System, dessen Nischen sie besetzen, nicht binden wollen, macht gerade ihre Stärke, ihre allmähliche Sprengkraft aus. Es gibt, von einem bestimmten Punkt der Selbsterfahrung an – und der erfahrenen Gemeinschaft –, kein bloß taktisches Verhalten gegenüber der Wachstums-Gesellschaft mehr. Um leben zu können, lebt man im Widerspruch zu ihr. Auch wenn es den Aufsteigern nicht leicht fällt, geradezu Aussteiger zu werden, bilden sie doch das sogenannte Umfeld, in dem der offene Widerspruch gedeihen kann. Sie wissen auch, wovon die Unruhe 1980 handelt, und dienen ihr nicht nur zur Legitimation – sie sprechen dazu in eigener Sache. Sie mögen nicht für die Bewegung sprechen – aber indem sie für sich sprechen, geben sie sich als ihre Teilnehmer zu erkennen und verschaffen ihr die Öffentlichkeit, die ihre Unterdrückung verhindern kann und ihre Verdrängung verbietet.

Die Veränderer haben also nicht aufgehört, die Gesellschaft zu verändern, als sie bei sich selbst anfingen. Wer Sinn für seine Bedürfnisse entwickelt, lernt seinen Sinnen trauen; die Folgen sind in einer mit Tricks und Konventionen arbeitenden Politik und Wirtschaft, aber auch für eine den Sinnen entfremdete Wissenschaft unabsehbar und hoffnungsvoll. Wer auf der Berührbarkeit der Objekte besteht, gibt ihnen nicht nur ihren Körper, sondern auch ihre auf den Menschen bezogene Würde zurück – sie werden zu Dingen, mit denen wir umgehen wollen, Sachen, die unsere Sache sind. Mit Heidegger zu raunen: ihre »Vorhandenheit« reicht uns nicht mehr; wir lernen verlangen, daß sie »zuhanden« sein sollen, zum Brauchen da, nicht zum Wegwerfen. Die meisten Objekte, die der Zivilisationsapparat hervorbringt, genügen dem Bedürfnis nicht mehr, sobald es aufgehört hat, steuerbarer Wunsch zu sein. In vielen Köpfen – und nicht nur: in den Köpfen – dämmern heute neue Chancen der Begegnung mit der Natur, in denen unsere eigene, als Natur erkannte, besser aufgehoben ist als bei den technischen Wissenschaften und der so wenig ökonomischen Verwertungs-Ökonomie, die sie pushen hilft: etwas wie gelebte Ökologie, eine Weisheit eher in der Nähe von Goethes Natur: »Sie hat mich hereingestellt, sie wird mich auch herausführen. Ich vertraue mich ihr.« Naturvertrauen als Urvertrauen und Selbstgefühl.

Zu dieser neu-alten sinnlichen Kompetenz gehört der Geschmack am Alleinsein ebenso wie die Lust, Gefühle zu teilen – wenn sie endlich eine Chance bekommen, die eigenen Gefühle zu sein, nicht vorsätzliche, nicht geschuldete. Die Arbeit am Panzer, mit dem wir uns einmal vor Schmerz geschützt haben – obwohl der Schutz sich überlebt hatte und zum Gefängnis geworden war –, das Aufbrechen also des wirklichen Gefühls, auch wenn es mit Schmerz beginnt: das ist nicht nur Krebs-Prophylaxe im Sinn der Reichschen Orgasmus-Empfehlung. Es ist Trauerarbeit und Schöpfungslust an sich selbst,

Chance zur Heilung, aber – auch das – gelassene Einsicht ins Unheilbare. Wie Todesangst noch nie etwas anderes gewesen ist als Lebensangst, so macht sich wirkliche Lebensfreude wohl auch fähig zu einem guten Tod.

55

Kunst als Therapie? Kunst hat es mit dem Schweren und Guten zu tun, das ihrem Urheber in natura unerreichbar gewesen ist. Therapie sucht, endlich, das Erreichbare – das mit Kompromiß und Resignation nichts zu schaffen hat. Die Sinne sind nur dann versöhnlich, wenn es nicht die Klugheit gebietet, sondern Freiheit und Liebe erlauben. Kunst *ist* möglich, das Mögliche im Zustand des Glückens, in dem sie vom Urheber gelöst ist; Therapie *macht* Dinge möglich, macht Leid und Glück wirklich und erlaubt der Person, sich mit dem, was sie tut, zu verbinden. Sie hat keinen Ersatz-Stoff mehr nötig für ihre Selbstverwirklichung (auch dieses Wort entbehrt sie leicht). Das Kunstwerk schließt seine eigene Geschichte gegen die Gegenwart ab, die Therapie öffnet sich auf die Gegenwart. Die Kunst steht und fällt mit dem Bewußtsein ihrer Mittelbarkeit und »Formalität«; von der Therapie versprechen wir uns das Unmittelbare – die Befreiung der verschütteten Spontaneität. Wir lernen halten, was sie verspricht.

Aber sollte es nicht möglich sein, eben den Gebrauch, den der Therapie-Bedürftige von seinem Ausdrucksvermögen machen lernt, auch auf die Kunst, jedenfalls ihre Rezeption zu verwenden? Findet der Leser in der Literatur nicht eben das, was er am meisten zum Leben, einem sinnvollen Leben benötigt: Spielanleitungen; Sinn für Grenzen – denn Kunst-Form ist Grenze; Mut zur Freiheit von der Norm, zum Eigensinn, zum Widerstand gegen die Ideologie; Einladung zur Lebendigkeit? Allerdings, Kunst ist das stärkste bekannte Stimulans des »Möglichkeitssinns« – und nach allem, was ihre Urheber erzählen und träumen, wird sie eben dafür erschaffen. Auf der Ebene ihrer Rezeption gibt es keine notwendige Differenz zwischen Kunst und Lebenskunst. Denn eine Therapie, die ihren Namen verdient, führt zur Lebenskunst; und eine Kunst, die ihn verdient, steigert die Lebensfähigkeit. Das Kunstwerk ist ein Spielfeld, auf dem die Umgangsformen mit dem Erfüllbaren und dem Unerfüllbaren geübt werden können; das die Erfahrung von Grenzen ebenso mit Lust besetzt, wie es einlädt zu ihrer Überschreitung. Ja, in »dürftiger Zeit« kann das Kunstwerk das einzige Lebensmittel dieser Art sein. Je tiefer der öffentliche Winter, desto deutlicher tritt das Grün des Kunstgebildes hervor – und auch seine Fragilität entpuppt sich dann als Schein. Das Poetische ist widerstandsfähig. Die Verwalter der Macht haben die Kunst zu fürchten – am meisten die autonome, die unbeirrbar selbstgefällige Kunst. Da tritt in der Selbstgefälligkeit die Weigerung hervor, der Macht gefällig zu sein, in der Autonomie der zivile Mut, die verweigerte Anpassung. Sogar in der »krank« gescholtenen Kunst meldet sich ein Recht auf Unglück, das dem Unglücksverbot, dem Legitimationsbedürfnis positiver Machtverhältnisse unerbittlich zuwiderläuft. Das »Engagement« kann dem Unterdrückten zur Not im Mund umgedreht werden; seine Spielfreude aber zeugt gegen den Zwang, ganz gleichgültig, aus welcher Quelle sie sich nährt. Wer spielen kann, wird zum Nicht-mitspieler an der Macht, also für sie: zum Feind. »Formalismus« ist allemal das Schimpfwort für die fühlbarste Dissidenz gewesen. Kafkas Wiederkehr am Germanistenkongreß von Liblice läutete jenen »Prager Frühling« ein, der wahrlich nicht nur ein literarisches Ereignis war: aber die formale Integrität eines literarischen Werks schlug an der Berührung mit der politischen Gewalt um in einen inhaltlichen Befund. Redlichkeit ist nicht teilbar: so konnte die genaue Prosa eines Autors zum Anschlag auf die Ideologie werden. Die Vertreibungspolitik der Diktaturen ist in der besten Tradition von Platons Staat, und sie trifft diejenigen am schärfsten, die sich ihrem Vorschrifts-Optimismus am deutlichsten entziehen. Im Zusammenstoß mit der Gewalt werden die Erfindungen wahr.

Andersherum: wehe dem Staat, der Dichter nötig macht; er hat Grund, ihre Subtilität übelzunehmen. Fast alle Götter darf der Untertan neben seinem Staat haben – aber nicht den Gott des Spiels, denn ihn kann man nicht »neben« sich haben. Er schließt jede Gewalt aus – nicht nur die tyrannische; vor ihm gibt es im Grund auch keine legitime. Kunst ist ein Systemsprenger, auch die sanfte neigt zur Anarchie – zur Herrschaftsfreiheit. Neben der subversiven Kraft, die in Fontanes Conversation Pieces steckt, nimmt sich die Agitation Lassalles wie eine Episode aus; die Schwäche des Habsburgerreiches wurde vor Musil nirgends radikaler aufgedeckt als in Grillparzers unmännlichen Helden. Es ist kein Glaube nötig, die Botschaft der Dichter zu hören: das genaue Gefühl genügt. Darum sind sie auch durch keinen neuen Glauben zu widerlegen. Ihre Botschaft ist identisch mit der einzigen Form, die ein historischer Inhalt gewonnen hat; in dieser Form transzendieren sie ihn und pflanzen die Botschaft fort. Die Sprache des Aischylos, Bashô oder des »Parzival« steht zwar nicht jeder Stunde zu Gebote. Aber sie kann diejenige erwarten, wo sie dich erreicht, wo sie zutreffender ist als alles, was du zu dir sagen könntest.

56

Ich glaube schon: Literatur und Therapie haben ihren gemeinsamen Fluchtpunkt in der Lebenskunst. Dazu gäbe es nur Feierliches zu sagen, wenn sich dieser Versuch auf die *Rezeption* der Kunstwerke beschränkte. Dann dürfte ich der dankbare Leser bleiben, oder zur Not der gelernte Germanist. Nun habe ich aber meinen Beitrag zur Frankfurter Poetik an die Biographie eines Autors gebunden, und da war allerdings nicht viel von Lebenskunst zu melden. Und leider oder glücklicherweise kann es in der Therapie, die ich meine, keine bloßen Empfänger, also auch keine Rezeptionsästhetik geben. Sie ist Beteiligung, oder sie ist keine Therapie – auch wenn diese Beteiligung mit Ästhetik, will sagen: Wahrnehmung, Selbstwahrnehmung, Sinnlichkeit allerhand zu tun hat. Diese aber hat wiederum mit dem Kunstcharakter nicht viel zu tun. Um deutlicher zu sein: in der therapeutischen Praxis soll dieser Kunstcharakter, und was er an Verstellung mit sich bringt, nichts zu suchen haben. Die Kunst der Therapie, die es wohl gibt, soll auf ihrem eigenen Felde an der Künstler-Kunst nicht gemessen werden – ein Verbot, das sich aus gegenseitiger Wertschätzung ergibt. Der Autor muß Wege gehen, die man keinem Gesunden oder Kranken empfehlen kann – und wenn er schreiben, malen oder komponieren muß, wird er sie ohne Empfehlung gehen. Das Glück, das man ihm dabei wünschen muß, verträgt aus Menschenliebe keinerlei Verallgemeinerung; und das Glück, das er bei seinen Lesern macht, ist ihnen allemal eher zu gönnen als ihm.

57

»Ein Freund erzählte mir von einer Sprechstunde in Hongkong. Er war auf Empfehlung einer Reisebekanntschaft zwischen zwei Flügen zu einem chinesischen Arzt gegangen, nicht eben gläubig, aber verzweifelt an der Fähigkeit westlicher Spezialisten, einem chronischen Nierenleiden beizukommen, als sozialer Aufsteiger natürlich auch gewohnt, seine Verzweiflung, wie seine Krankheit, möglichst zu ignorieren. ›Grin and bear it‹, hatte man ihm in einer berühmten amerikanischen Klinik zum Abschied gesagt. Der Chinese empfing ihn, man unterhielt sich über dies und das, die Krankheit schien den Arzt nicht besonders zu interessieren, er erkundigte sich nach der Arbeit seines Besuchers, seinen Vorlieben, brachte ihn dazu, von einer Liebesgeschichte zu erzählen, mit der mein Freund nicht fertiggeworden war, wollte dies und das von seiner Jugend, seinen Eltern, seiner Familie wissen. Das Gespräch war keineswegs tiefschürfend, blieb im Rahmen höflicher Konvention. Man trat ans Fenster und unterhielt sich über die Schiffsbewegungen in der Bucht von Kowloon, über Einkäufe in Hongkong, der Arzt erläuterte seine Einrichtung, erklärte ein Akupunktur-Modell und ließ

Tee bringen. Als mein Freund, den der eigentümlich schmeckende Tee milde gestimmt hatte, vorsichtig anfragte, wann man denn zur Sache komme und was er ihm zu verschreiben habe, sagte der Chinese gleichfalls lächelnd, man sei längst bei der Sache, und deutete auf den gemeinsamen Tee: das sei die Medizin, die er ihm aufgrund seiner Diagnose zu bieten habe. Diagnose? fragte mein Freund. Nun ja, sagte der Chinese, er habe ihm ja das meiste gesagt, was er wissen müsse. Er habe die Ehre gehabt, seinem Gast beim Reden zuzuhören und beim Gehen zuzusehen, sein Sitzen, seine Bewegungen, seine Augen und Fingernägel zu betrachten; dann drückte er, mit einer höflichen Entschuldigung, den Finger auf zwei Stellen am Rücken meines Freundes, hier und hier tue es ihm weh, nicht wahr? Es gebe ein paar Fehler in seiner Haltung, die der Arzt natürlich nicht in einer Viertelstunde korrigieren könne, da hier nicht die Störung sitze. Sondern der Schmerz sei Ausdruck einer Störung, eines schmerzlichen Verhältnisses zu bestimmten Dingen, die ihm, meinem Freund, begegnet seien und auf die er mit Spannung reagiere. Diese Spannung sei ihm jetzt eingefleischt, um sie zu lösen, werde er Hilfe brauchen bei jemandem in seiner Heimat, der etwas von Körper und Seele verstehe, aber auch die Lebensform des Patienten kenne. Schmerz sei wertvoll und vorläufig unentbehrlich, denn er zeige die Stelle an, von der man sich zurückarbeiten müsse zu seinem Ursprung, der in einer vermutlich wohlbegründeten Unzufriedenheit zu suchen sei. Wenn es ihm gelinge, vom Rückenschmerz ausgehend den Weg zu seiner Zufriedenheit zu beschreiten, einen vermutlich langen Weg, werde der Schmerz nicht mehr nötig sein. Die Niere, als empfindliches Organ, reagiere natürlich auf die angedeutete Schwerpunktverschiebung. Aber die Niere sei sekundär, und der Tee hier, von dem er ihm einen Beutel mitgebe, werde auch ihr wohltun.

Die Schmerzpunkte stimmten genau, aber es stimmte noch einiges mehr an dieser Konsultation, die damit beendigt war. Es stimmte die Aufmerksamkeit, die der Arzt einer unbekannten als ganzer, wenn auch zur Zeit gestörter Person bewies. Es stimmte die Deutung des Schmerzes nicht als Hindernis, sondern als Pforte zur Heilung, das heißt zur Selbsteinsicht. Es stimmte auch die Bereitschaft, den heilsamen Tee mit dem Gast gemeinsam zu trinken, als *soziale* Medizin. Der Arzt stellte Gegenwart her mit seinem Gast; er begann mit der persönlichen Bekanntschaft des Hilfesuchenden, bevor er sich eine Vermutung darüber zutraute, worin sein Leiden bestand, und wozu er es brauchte.

Dieses Krankheitsverständnis ist auch der westlichen Medizin in ihrem vortechnischen Zeitalter, bei Paracelsus etwa, geläufig gewesen. Sie war ja, in Ermangelung spezialisierter Geräte und synthetischer Drogen, auf ihre fünf Sinne angewiesen, und auf den sechsten Sinn der Intuition. Als der Renaissance-Arzt Cardano, der außerdem ein berühmter Traumdeuter, Astrologe und Physiker war, von einem Fürsten brieflich um eine Diagnose für seine Krankheit gebeten wurde, schrieb er zurück: Eine solche Diagnose sei erst zu wagen, wenn er den Herrn über längere Zeit vom Morgen bis zum Abend, vom Staatsakt bis zum Stuhlgang begleiten könne. Ohne Kenntnis aller Gewohnheiten eines Menschen könne kein Arzt wissen, was ihm fehle. – Eine solche Therapie war damals nur von einem Fürsten zu bezahlen, heute wäre sie wohl um gar keinen Preis zu haben. Hier haben Sie das chinesische Modell noch einmal, auch bei uns, leider als historisches.

Jener Arzt aus Hongkong erklärte meinem Bekannten beiläufig, was man Gesundheit nenne, sei so viel wie Bewegung aus dem eigenen Schwerpunkt, also mühelose Bewegung. Wenn dieser Schwerpunkt aus dem Zentrum verschoben sei, würden die an sich leichtesten Bewegungen beschwerlich, man lebe nicht aus der Mitte seiner Kraft, sondern gegen sie, dadurch würde die Kraft zur Gewalt, führe also zu Reibung und Schmerz. Wir säßen sozusagen abgewandt von unseren Bedürfnissen, und so überanstrenge uns ihre Erfüllung. Diese Überanstrengung, diesen exzentrischen Schwerpunkt nenne er Krankheit, und wer sie dadurch beheben wolle, daß er sich um das eine oder andere schmerzhafte Glied kürzer mache, der sei am Ende nicht geheilt, sondern verstümmelt.

Hat die technologische Medizin den sinnlichen, und das heißt: sinnvollen Kontakt zwischen Heiler und Krankem unerschwinglich gemacht? Es sollte niemand wundern, wenn fast jede Form der Therapie, die mit Kontakt, und wäre es nur Handauflegen, zu tun hat, heute zum Fetisch geworden ist. Die Kranken suchen beim Heiler, was sie beim Spezialisten vermissen: Gefühl, das buchstäblich Hand und Fuß hat, das an die Haut geht. Beim Heiler ist man noch anwesend. Die technische Medizin bringt einen zum Verschwinden, bei lebendigem Leib. Sie weiß immer besser, wie eine Krankheit ›bekämpft‹ werden kann, jedenfalls ihr Symptom; und sie weiß immer weniger, wozu; was es bedeuten könnte, zu leben und zu sterben. Dazu müßte sie das Leiden, die Krankheit, nicht nur genau, sondern wahr- und ernst nehmen. Sie müßte den Zusammenhang einsehen, in dem das Leiden steht, aber auch die Heilkunst selbst.«

58

»Bei sogenannten Naturvölkern, aber auch in der Volksmedizin, ist Heilen immer dies: den Zusammenhang dieser Krankheit mit dem Leben der Gruppe herstellen; im Glücksfall stellt diese Therapie auch das kranke Individuum wieder her. Aber auch wenn es sterben muß, erfährt es, und erfährt die Gruppe, was dieses Sterben zu bedeuten hat. In der Semantik der gemeinschaftlichen Lebensform einer Gruppe ist die Krankheit nicht einfach eine begrenzte Irregularität. Sie ist ein Zeichen für eine bedrohte Regel, und dieses Ereignis betrifft natürlich die Gruppe, den Stamm, das Volk als ganzes.

Ich kann Ihnen als Laie kein ethno-medizinisches Kolleg halten. Ich möchte nur einige auffällige Momente herausgreifen, die bei Völkern außerhalb des westlichen Kulturkreises Krankheit *und* Heilung konstituieren. Die Krankheit eines Einzelnen ist ein Signal, dessen Tragweite gedeutet werden muß. Für diese Deutung gibt es Spezialisten, die eine geachtete Stellung (oft außerhalb der eigentlichen Hierarchie) einnehmen: die Diviner, Medizinmänner, Schamanen. Sie sind qualifiziert durch ihre Erfahrungen, die auf mancherlei Art erworben werden können: durch familiäre Überlieferung, Drogengenuß, durch Traumfähigkeit, Extra-sensory Perception, aber auch durch Kräuterkenntnis und manuelles Geschick. Sie sind die Verbindungsleute zum Universum des Stammes, der Totalität seiner Vorschriften, Glaubensvorstellungen, Tabus, das durch die Krankheit eines Einzelnen seine Störung im Ganzen anzeigt. Zunächst ist die Art der Krankheit zu bestimmen, ist nach dem Agenten, dem Erreger zu fragen: ein unversöhnter Toter, ein neidischer Zauberer, eine eifersüchtige Frau, ein magisch geladener Fremdkörper? Gesucht wird der Anteil, den der Kranke an diesem kosmischen Mißgeschick selber hat, etwa durch ein gebrochenes Tabu; dieser Agent ist die Ursache der Krankheit, ihn zu beschwören – auszutreiben oder zu versöhnen – bedeutet: den Kranken heilen. Oder auch: seine Unheilbarkeit einsehen.

Zu dieser Krankheitsbestimmung, und also zur Therapie, gehört die Partizipation der Gruppe, zunächst des für den Kranken unmittelbar zuständigen Verbands, seiner Sippe. Sie begleitet den Kranken mit-verantwortlich in seinem Heilungsprozeß, nicht nur, um ihn zu versorgen, sondern auch, um den Kontakt zur Gruppe nicht abreißen zu lassen. Der Pflegende ist der Verbindungsträger für die Botschaft der Krankheit an den Stamm. Zugleich bildet er die Kraftlinie, auf der dem Kranken die Heilkraft der Gruppe zugeführt wird. Ohne diese ›horizontale‹, soziale Dimension wäre die ›vertikale‹, die der Medizinmann zum Reich der Geister eröffnet, unwirksam. Gewöhnlich steht die Heilstation nicht im Dorf selbst, sondern etwas außerhalb. Der Kranke wird aus hygienischen und magischen Gründen isoliert, aber seine Außenstellung bedeutet zugleich eine Verschiebung des seelischen Schwerpunktes des Stammes, und diese Verschiebung löst Bewegung aus. Der Weg des Kranken in die Hütte des Heilers, der Weg des Stammes zum Kranken wird eine Achse der – wörtlich: – Erfahrung, auf der die Neuigkeit dieser Krankheit körperlich erlebt, zeremoniell agiert werden kann. Der Heilungsprozeß selbst wird damit zu einer Reise, einem Trip; dazu wird er erst recht bei den exorzistischen Ritualen, den Prozessionen, der gemeinsamen Trance von Heiler und Patient, oft auch der ganzen Gruppe. Als gemeinschaftlich bewegte, realisiert die Gruppe die Einrede der tieferen Kräfte, die sich in der Krankheit eines Gliedes manifestieren. Sie vermag die Kritik zu lesen und in einem kathartischen Prozeß zu entkräften. Auf dem Spiel steht allemal nicht nur das Wohl eines Individuums, sondern das Heil des Ganzen. Weil das aber so ist, erfährt der Kranke auch seine Stelle darin körperlich als sinnvolle, auch dann, wenn sich seine Krankheit als unheilbar erweisen sollte. Dann ist auch das Opfer sinnvoll, das die höhere Gewalt vom Einzelnen fordert.«

59

»Natürlich hat auch Sprache im engern Sinn, feierlich gesprochene oder gesungene, auch gemurmelte oder gelallte Sprache, mit solchen urwüchsigen Heilungsprozessen zu tun. Wort-Kunst ist auf dieser Stufe von Heil-Kunst nicht zu trennen. Sie ist Beschwörung, auf den Anlaß zugeschnittene, magisch geregelte Formelsprache. Heilsam ist der Zauberspruch, über den man nicht verfügen darf, wenn man nicht durch Wissen geschützt ist. Diese Sprache trägt den emotionalen Gestus des Heilrituals mit, ja sie löst ihn aus, entzündet ihn. Sprachzauber macht bereit für den Augenblick, wo die Geister zu sprechen beginnen, in der Trance oder Ekstase des Heilers, der zum Medium wird. Die Sprache scheint dann ungeregelt, ja unverständlich. Aber der Stamm verfügt in seinen magischen Spezialisten über die Kompetenz, das Orakel zu verdolmetschen, wieder in bekannte Regeln zu übersetzen, wie die Priester am delphischen Orakel die rasenden Äußerungen der Pythia in klassische Disticha übertrugen, deren Wesen freilich zweideutig war: zum Zeichen, daß sichere Antworten, wo es um Lebensfragen geht, nur Vortäuschungen sein können; zum Zeichen aber auch, daß wir für den täglichen Lebenshaushalt der Sprach-Regelung bedürfen.

Diese Zwiesprache mit dem allgegenwärtigen Jenseits ist natürlich zu Beginn überall nur magisch erinnerte, niemals schriftlich fixierte Sprache gewesen. Dennoch stehen diese Zaubersprüche, mehr oder weniger zufällig überliefert, auch am Anfang der geschriebenen Literatur. Zu den ersten Zeugnissen des Althochdeutschen gehören Zaubersprüche, die mit der Heilung eines Pferdefußes, mit dem Stillen von Blut zu tun haben. Dieser literarische Archetyp ist auch als mündlicher bis heute nicht untergegangen. Jede Mutter frischt ihn auf, die den Schmerz ihres Kindes nicht nur mit Pusten, sondern auch mit einem Segenssprüchlein zu dämpfen sucht.

Die Herkunft der Literatur aus dem Zauberspruch: die Romantiker aller Zeiten haben daran geglaubt, daß das Zauberische in der Sprache wieder zu wecken sei, wenn man nur das bindende und lösende Wort zu treffen wisse. Eichendorff singt davon, der Schatzhauser im grünen Tannenwald bietet Glück und Heil dafür an, wenn man den fehlenden Reim zu ergänzen weiß. Ja, der Reim insbesondere scheint von der magischen Erbschaft der Sprache zu zehren. (Mein ›Nachfolger‹ in Frankfurt hat es nicht bei Andeutungen bewenden lassen: vgl. Peter Rühmkorf: ›Agaragar-Zaurzaurim‹, Reinbek 1981.) Der Reim versinnlicht das Muster, das bindet, um im Wohlklang zu lösen, wobei Wohlklang so viel wie Gleichklang bedeutet, also Wiederholung – aber nur annähernde Wiederholung; im Reim der Einheit von Harmonie und Differenz sieht das volkstümliche Vorurteil bis heute das Wesen der Dichtung überhaupt. Ganz unrecht mag es damit nicht haben, auch wenn der Reim eine geschichtlich späte, vom lateinischen Kirchenhymnus abgeleitete Kreation ist. Seine Verbreitung beweist aber die Ursprünglichkeit des Phänomens. Die Bindung an den Gottesdienst ist sowenig ein Zufall wie sein spontanes Auftauchen bei Festlichkeiten aller Art. Er konserviert ein Element des magischen Ritus, und seine versöhnliche Komponente, die poetische Neuerer allemal gestört hat, erinnert auch an die begütigende heilende Substanz, die seit alters in ihm steckt.«

60

»In jeder naturnahen Kultur liegen Heil-Kunst und Sprach-Kunst nahe beieinander. Sie teilen sich ins Geschäft, die Harmonie in einer Gruppe wiederherzustellen. Aber auch ›hohe‹ Dichtungen bilden in Aufbau und Struktur das uralte Heilungszeremoniell ab. Der ›Ödipus‹ des Sophokles läßt sich als Variante eines volksmedizinischen Rituals lesen. Da ist ein Übel über die Stadt Theben gekommen, eine Pest, deren Quelle gefunden und verstopft werden muß, wenn die Polis überleben soll. Der Medizinmann Teiresias ahnt, magisch zu reden: er *sieht* diese Quelle, aber scheut sich, sie beim Namen zu nennen. Denn der Häuptling selbst ist diese Quelle, er hat unwissend die stärksten familiären Tabus gebrochen, lebt und herrscht also im Greuel, in der mörderischen Disharmonie.

Bis hierher haben wir es mit dem ethno-medizinischen Muster zu tun. So entstehen Krankheiten, die, wie Figura zeigt, im höchsten Sinn ansteckend, das heißt Beschädigungen des Kollektivs sind. Die Ursache muß ermittelt, der Regelbrecher dingfest gemacht, der Gott versöhnt, Schmerz und Schrecken der Katharsis zugeführt werden, damit auch das Gemeinwesen wieder im reinen mit sich leben kann. Formal erfüllt die Ödipus-Tragödie dieses archaische Muster buchstabengenau. Aber Tragödie wird es freilich erst dadurch, daß der Buchstabe den Sinn verändert. Im Muster ist nicht vorgesehen, daß der Schuldige und der unerbittliche Forscher nach der Schuld, daß Täter und Detektiv eine Person sind – und auch noch die gewaltigste, durch ihr Dilemma ausgezeichnete Person des Stammes. Hier springt das rituelle Muster in ein anderes über; hier sind wir an dem Punkt, wo das, was die Therapie, und das, was die Literatur leistet, auseinanderläuft; wo das Rilke-Wort gilt: ›An der Kreuzung zweier / Herzwege steht kein Tempel für Apoll.‹ Die Fallhöhe der Tragödie, die sich hier auftut, ist zugleich der Abgrund, dem unsere westlich abendländische Zivilisation, ihre forschende Größe, ihr Suizidpotential entstiegen ist. Aber noch ist das Ödipus-Drama, sind alle griechischen Tragödien durchsichtig auf den Heilritus, von dem sie sich tragisch emanzipieren. Erkennbar ist noch, daß Apoll und Asklepios, Kunst und Heilkunst, verbunden waren als Vater und Sohn. Apoll: der Inbegriff für die Ordnung des Kosmos, für seine Darstellbarkeit in Harmonie; Asklepios, der Gott der Heilkunst: die Restitution dieser Harmonie. Der durch Blut bezeichnete ödipale Kreuzweg, der Vater und Sohn trennt, wird in der Vorgeschichte noch nicht beschritten. In ihr sind Vater und Sohn noch eins. Es ist die Einheit *vor* jener Schöpfung, die im präzisen Sinn die unsere, die abendländische ist: die auf

Kernspaltung, auf Entfremdung des familiär Vereinigten beruht.«

61

Ein sehr weites Feld, ein mächtiger Fall, dieses Aufbrechen der kosmischen Harmonie, das in unserer Kultur als tragisch-notwendig, als vernunftgeboten, als schöpferisch gefeiert wurde – und das zugleich Gegenstand fortwährenden Heimwehs ist, ein unerschöpflicher Anlaß, Wiederherstellung zu träumen und zu denken; dem ersten Schritt, der Schöpfer und Schöpfung auseinandertreten ließ, einen zweiten, heilenden folgen zu lassen. In keiner Kultur wie der unsern, die aus ihrer Spaltung lebt, ist so nachhaltig von Wiedervereinigung, von Harmonie gesungen worden, reaktionär oder progressiv. Die Spaltung erst hat den Mythos zur Geschichte werden lassen; ihren *Sinn* aber suchen wir im Heilen des Risses, dem unsere Zivilisation entstiegen ist. Wir hoffen, das Paradies durch richtigen Gebrauch der Zeit wieder erwerben, durch Umsturz der entfremdenden politischen Kräfte wieder erkämpfen zu können. Diejenigen, die Paradise NOW! rufen, möchten es gegen die Zeit forcieren, andere suchen es abseits aller Zeit in der Meditation. Der *künstlerische* Zauber hält das Gedächtnis daran frisch. All das sind therapeutische Reflexe, die über so manche Heillosigkeit des geschichtlichen Augenblicks trösten sollen – und ebenso oft für neue Heillosigkeit in der Geschichte verantwortlich sind.

Auch die Naturwissenschaft verstand sich, bis zur romantischen Pansophie im 19. Jahrhundert, als Demonstration dieser verborgenen Harmonie. Erst der empirische Positivismus ist aus diesem Zug ausgebrochen ins Eindimensionale und hat auf diesem Weg seiner Abspaltung entdeckt, was ihm gleicht, bis hin zur Spaltbarkeit des Atoms. Von Kepler über Hegel bis Marx bleibt der Wille fühlbar, Harmonie, notfalls mit Gewalt, zu restaurieren; den offen gewordenen Raum der Geschichte durch immer spekulativere Operationen zusammenzuhalten und Geschichte als Heilsgeschichte, also als Selbstheilungsprozeß, zu denken. Bis zum Beginn der bürgerlichen Neuzeit war es theoretisch auch noch möglich, die menschlichen Künste und Techniken in einer Person zusammenzufassen und als konvergierendes Universum zu sehen. Der Polyhistor, der Enzyklopädist suchte in jeder Spezialität noch das Arkanum, den Grund, der die Welt im Innersten zusammenhielt, auch wenn er den Namen Gottes dafür nicht mehr beanspruchte. Der Natur, auch der Natur in uns, der historischen Natur wurde eine morphologische Tendenz zugetraut, die Zusammenhalt verbürgte und zur Wiedervereinigung führte. Noch der ökonomische Liberalismus des Adam Smith statuiert aus der Summe produktiver Egoismen eine gemeinsame Harmonie. Der Gelehrte, der Forscher war noch immer Medizinmann, der Tatsachen nicht so sehr schuf, als Tatsachen aufdeckte: jedes gelöste Problem band das Neue, das er fand, in einen Zusammenhang, im Idealfall: in die Harmonie zurück.

In der praktischen Desillusion dieser Erwartung ist auch das Auseinandertreten von Medizin und Kunst zu suchen. Die industrielle und technologische Heilpraxis hat sich von der Arbeit am Ganzen entfernt, an dem die Literatur, als Fiktion, festhält. Gegen das Wohl, das diese Medizin verspricht, sucht die Literatur ein *anderes*

Heil. Darin scheint sie, paradox gesagt, unheilbar; dadurch verurteilt sie auch ihre Urheber, wenn man deren unordentliche Biographien ansieht, zur Heillosigkeit. Um das Paradox zuzuspitzen, scheinen ja die literarischen Produkte, und gerade die zeitgenössischen, von der gewünschten Ganzheit am weitesten entfernt. So entsteht das Verwechslungsspiel, daß der medizinische oder physikalische Technologe – aber manchmal auch der besorgte Literaturprofessor – der Literatur ihre Destruktivität und Asozialität vorwerfen und das, was er für Harmonie hält, an ihr vermissen kann. In den disjecta membra zeigt sich der Poet, nicht im vollständigen Bild. Seine Poiesis ist willkür-verdächtig bis zur Mache, und man muß sich schon heftig an Benjamin und Adorno festhalten, um dieser Negation des Positiven einen therapeutischen, nämlich dialektisch-vorläufigen Sinn abzugewinnen: vorläufig im Sinn des Hinweises nicht auf die erfüllte Utopie, sondern auf das nachgewiesene, demonstrierte *Bedürfnis* nach Utopie.

62

»War diese Spaltung zwingend, ist sie konstitutiv für entwickelte Gesellschaften? Die Kunst des fernen Ostens weiß es anders, wie seine Heilkunst. Hier findet sich die Lebensäußerung der Person noch im Verhältnis der Analogie, der tendenziellen Übereinstimmung mit einem unvermittelten Kosmos. Sie braucht nicht in die Schule der Heillosigkeit gegangen zu sein, um sich als bitteres dialektisches Heilmittel zu empfehlen. Das japanische Haiku etwa, der Dreizeiler aus siebzehn Silben, keucht nicht unter solchen Ansprüchen. Es lebt von der Suggestion der Natur und deutet ihre unmittelbare Zugänglichkeit an, die für den ästhetischen Genuß, der von meditativer Vertiefung nicht zu trennen ist, zur Einheit werden kann: zur Einheit des Zeichens mit dem Bezeichneten; zur Übereinstimmung des Lesers (bei ideographischer Schrift sollten wir sagen: des Betrachters) mit beidem. Das menschlich Gemachte, das Kunstprodukt, bleibt durchsichtig auf das natürlich Geschaffene. Das Haiku braucht nicht selbst für das Ganze gradezustehen, es versteht sich nur als Blickfang darauf. Das in aller Kürze Gesagte kommuniziert mit allem denkbaren Nicht-Gesagten. Die Kunst macht sichtbar, sie zeigt nicht das Sichtbare. Darauf beruht auch das Geheimnis der japanischen Malerei.

Einzelheit, Jijimugehokkai, ist, in der buddhistischen Lehre, die letzte Station des Bewußtseins vor seiner Erleuchtung. Es hat nichts mehr im Sinn mit einem höheren Allgemeinen – sozusagen im Gegenteil. Einzelnheit hat man zu Hegels und Goethes Zeiten gesagt und damit den geschichtsdialektisch unentbehrlichen und tragisch notwendigen Schritt aus dem Allgemeinen ins Besondere gemeint: Antigone in Theben, die sich im Namen des ungeschriebenen Gesetzes von der Norm entfernt. Nichts könnte unjapanischer sein. Das Einzelne ist die sinnliche Spur des Ganzen; am Einzelnen, und nirgends bewegender, leuchtet das Umfassende auf. In Aster, Schnee, Sperling, manifestiert sich das Universum als gegenwärtiges und zugleich in seiner Flüchtigkeit: durch Gegenwart und Flüchtigkeit wird es berührbar für das Gefühl. Der Sinn öffnet sich, indem die sinnliche Wahrheit an uns vorübergeht; als vorübergehende aber wird sie festgehalten – durch Kunst.

Eine solche Kunst braucht man weder Anspruch noch Bescheidenheit zu lehren. Sie ist Verwandtschaft des Größten mit dem Kleinsten in der Natur. Ein Unvergänglichkeitsanspruch erschiene ihr wahnsinnig. Der Dichter ist ein Wanderer durch die Zeit, er hebt ein paar Gegenstände vom Wege auf, deren Nähe ihn berührt, die seinen Weg erst zur Reise machen; das, nicht mehr, ist Kunst. Und nicht weniger. Im Fernen Osten versteht sich von selbst, was hierzulande so schwer in die Köpfe (und die Curricula) hineingeht: daß das Einzelne das Ganze ist, daß alle Tiefe in der Kunst sich nur an der Behandlung der Oberflächen zeigt, daß das Kunstwerk weder vertröstet noch Trost bietet, sondern Gegenwart bedeutet. Nur aus dem Augenblick, den der Künstler als flüchtigen festhält, führt ein Weg in die Tiefe der Zeit. Diese hat freilich nichts zu tun mit abendländischer Geschichte, sondern mit verborgener Wanderschaft, mit dem Übergang in immer neue Formen: bis die Form entbehrlich wird, weil sie zusammenfällt mit der Nicht-Form; weil eingesehen wird, daß die Gegensätze überhaupt Vortäuschung sind. Das Kunstwerk läßt es sehen, indem es den Gegensatz versinnlicht: den Schnee auf dem schwarzen Zweig, das Welken in der blühenden Päonie. Im Kontrast erhellt sie das Scheinbare als das Wahre. Die Einzelheit öffnet sich auf ihren Grund, die Leere – die ebenfalls scheinbare Leere, die das Ganze ist; die Nicht-mehr-Denkmöglichkeit von Gegensatz und Widerspruch.

Ich habe mich verlaufen in eine Kunst, die ich liebe, für weiser, gebildeter halte als unsere; eine Kunst, die ein freundliches, unforciertes Verhältnis zu jener Harmonie unterhält, die wir ans Ende der Geschichte vertagen, und unterwegs fast jedes Opfer an Gegenwart, an jetzt möglichem Leben bringen. – Was herauskommt, ist im hohen Fall ein tragisches, im Normalfall nur überhastetes, ruheloses Verhältnis zur Zeit, eine unkünstlerische, weil zweckbestimmte, zielbesessene, ja barbarische Umgangsform mit Menschen und Sachen, die wir Zivilisation nennen. Gegen diesen ganzen Komplex soll, wenn wir der dialektischen Ästhetik folgen, nur noch das arme überforderte Kunstwerk zeugen; gegen maßlose Zielbesessenheit soll es sein autonomes Maß setzen, gegen unsere Zwecke seine Zwecklosigkeit behaupten, gegen unsere Gegenwartlosigkeit seine ruhige Gegenwart. Am Ende soll es, wenn wir unsere Geschichte zu verspielen drohen, auch noch den Sinn dieser Geschichte, die Utopie, gegen unsern Mißbrauch retten. Ja, das ist viel, zu viel verlangt. Aber: es ist einmal unsere Erbschaft; wir haben die Kunst, die unsere Kultur verdient. Und die List ihrer spielerischen Vernunft ist immer noch groß genug, daß sie von Shakespeare bis Mozart besser ist, als wir sie verdienen; daß sie nicht nur groß sein muß, wie bei Schiller, sondern gut sein kann, wie bei Goethe. Gut soll heißen: nicht glücklich, aber vielleicht geglückt, gut als Vorglanz, und oft: als einzige Bürgschaft des überall sonst verwirkten und verscherzten Glücks.«

63

Ödipus der Tyrann – bei Sophokles ist er mehr als ein Spezial- und Unglücksfall des Heil-Zeremoniells, der zum (tragischen) Bruch mit einem therapeutischen Universum führt. Die Polis wäre ohne diesen Vatermord nicht heiler gewesen. Umgekehrt: Ödipus zeigt an, daß sie es nicht mehr ist. Er ist an der Seuche ebenso unschuldig wie schuldig, ihr Auslöser, aber nicht ihr Urheber; in ihm bricht sie aus und nimmt Gestalt an: die Gestalt eines andern Menschen. Er weigert sich, ihr Opfer zu werden, er will sie deuten: das ist, als Sprung des Bewußtseins, das Neue in der Krankheit, und so hat auch das Leiden des Königs eine andere Qualität: es führt die Polis aus dem Mythos hinaus in die Geschichte. So ist die Tragödie mehr als eine zivilisatorische Panne, mehr als das Omen einer zum Unglück bestimmten Kultur. Im Abfall von der Regel, im Aufdämmern des Neuen Brauchs steckt nicht nur Wahnsinn, sondern auch Methode; steckt eine Hoffnung über jede bisherige Vernunft. Der Forschende isoliert sich nicht nur von seiner Kultur, er konstituiert sie neu. Mit dem Bewußtsein, daß ich einen andern Weg gehen muß, mache ich mir und andern deutlich, daß es Wege gibt, die sich von der mythischen Vorzeichnung lösen, die man anders als frei nicht gehen kann; knüpfe ich also ein neues Netz menschlichen Verkehrs. Das Subjekt betritt die Bühne und wittert nach seiner Autonomie; damit beginnt nicht nur die Tragödie seiner Entfremdung, die Erfahrung des Entgegengesetzten als Passion und Schmerz; damit eröffnet es auch ein neues Spiel und setzt die Regeln des alten außer Kraft.

Gesundheit ist also nie einfach *Wieder*herstellung. Ein Konflikt im Einzelnen – der ihn wie nie zuvor erst zum Einzelnen macht – meldet eine fällige Veränderung des Systems an. Gerade die ursprüngliche Heilkunde hat gewußt, daß Krankheit – Abweichung – nicht von nichts kommt und alles andere als Zufall ist, nämlich ein Schicksal, etwas Zugemessenes. Daher die Unruhe, die sie im Ganzen auslöst; daher der Schutzaufwand, die magische Absicherung des Heilversuchs. Die Ordnung fühlt Unordnung. Sie hat sich auseinanderzusetzen mit einer destabilisierenden Kraft. Die Kunst besteht nun darin, zu ermitteln, warum die bekannte Ordnung nicht wirksam war, warum sie die kranke Ausnahme zuließ. Und die Gründe liegen niemals nur beim kranken Glied, sie liegen auch in der Ordnung selbst, im Kollektiv als Körper. Sie ist ergänzungsbedürftig – im Grenzfall ist sie selbst das Übel, dem sie nicht zu steuern wußte oder nicht steuern wollte. Anders gesagt: das System der Bräuche wird durch den Krankheitsfall angefochten und getestet. Vermag es die Bedrohung seiner Selbstverständlichkeit im Einzelfall nochmals abzuwehren, so hat es seine Lebensfähigkeit noch nicht gesichert. Der Fall ist denkbar – und für das, was wir Entwicklung nennen, ist er notwendig –, daß nicht die Gesellschaft die Krankheit an der bewährten Norm mißt, sondern das Bewährte sich an der »Krankheit« messen lassen muß – und dann nicht genügt. Der therapeutische Prozeß wird zum Lernprozeß, der eine neue Topographie des Körpers erarbeitet. Das System lernt, oder es erstarrt und verkümmert.

64

Gesundheit ist so wenig statisch wie die Kultur. Sie ist, beim Individuum wie im Ganzen, ein Zustand fließenden Gleichgewichts, die Fähigkeit, zwischen Geben und Nehmen eine harmonische Balance zu halten und wiederzugewinnen. Verschiebt sich der Schwerpunkt einer Gruppe, weil sich die Bedingungen ihrer Produktivität ändern, so kann die herkömmliche, im Ritual gespeicherte Reaktion die falsche, unheilstiftende sein. Gesundheit heißt dann nicht mehr: alte Bindung, sondern: neue Lösung. Zu den Gaben des Medizinmannes hat daher neben der versichernden Kraft auch die Neues deutende, das Neue nicht nur wahrnehmende, sondern legitimierende gehört – die prophetische Gabe also, nicht nur die priesterlich-verwaltende. Die Gruppe in der Gegenwart befestigen, ist eins; ihr die Zukunft als das Zukommende, bei allem Schrecken Bekömmliche weismachen, ein anderes. Der Seher muß es entdecken können; und keiner entdeckt es ihm sprechender als derjenige, der, als Krankgewordener, Ungleichgewicht demonstriert, Ordnungs-Widerstand leistet. An seiner rechten Pflege hängt dann sehr viel mehr als seine individuelle Genesung.

In dieser prophetischen Gabe des Schamanen aber sitzt jenes Talent oder Genie, das spätere Kulturen dem Dichter zusprechen: formende Phantasie, Einbildungskraft für das im Guten und Schlimmen Mögliche, die schöpferische Leistung, die das Ganze erhalten will und, weil es sich in der Erstarrung nicht halten läßt und zum Tod würde, auf die Seite der Veränderung neigt. – Von der Ethno-Medizin zur Poetik ist ein riesiger Schritt – es ist mir klar, wieviel verwickelte Geschichten und notwendige Differenzierung ich damit übersprungen habe. Der Punkt ist nur anzudeuten, um den Therapie und Literatur sich gemeinsam bewegen – gemeinsam, und doch in astronomischer Entfernung voneinander, getrennt durch jenes historische Drama der Arbeitsteilung, das wir unsere Zivilisation nennen. Bei aller Entgegensetzung bleibt aber ein Drittes greifbar, das Literatur und Therapie an ihrer gemeinsamen magischen Quelle das Erste gewesen sein muß: der Sinn für das Gleichgewicht in einem beweglichen und bewegungsbedürftigen, kurzum: lebendigen Sozialsystem. Es hat Festigkeit nötig, aber auch Grenzüberschreitung; Regeln und Regelverstoß; Geborgenheit und Befreiung. Das Lebenswichtigere von beidem ist immer dasjenige, das bedroht ist oder fehlt. Dann wird Hansdampf im Schnakenloch, der nicht hat, was er will, und nicht will, was er hat, zur kulturstiftenden Größe, ja zum Lebensretter. Der Ruhe kann nur die Unruhe weiterhelfen – aber auch umgekehrt.

65

Die deutschen Dichter, die wir »Klassiker« nennen, haben sich in unserem Einzugsgebiet über »bewegliche Ordnung« die kräftigsten Gedanken gemacht. Sie hatten allen Grund dazu, denn sie lebten in einer Periode tiefgreifenden Systemwechsels. Ob sie, wie Goethe in Zeiten politischen Unmuts, der Ungerechtigkeit den Vorzug gaben vor der Unordnung, oder, wie Hölderlin, der unnatürlichen Ordnung Widerstand leisteten bis in den Bau des einzelnen Verses hinein: nie, wie vor der Wende zum Industrie-Zeitalter, in dem das alte Universum endgültig zerbrach, hat man den Beruf des Künstlers grandioser reflektiert. Er wurde gesehen in der Herstellung des Gleichgewichtssinns, der die Freiheit nicht leer lassen will, sondern bilden lehrt; der umgekehrt den Dienst an der Ordnung zu einem Geschäft freier Menschen machen will. Klassisch war dieser Geist darin, daß er das Prinzip künstlerischer Gestaltung nochmals zur allgemeinen Maxime menschenwürdigen Handelns zu erheben wagte (und es versteht sich, daß er eben darin auch romantisch war). Der Künstler sollte Bürger seiner Welt, der Bürger aber spielfähig werden – die Kultur wurde nach den Regeln des Kunstwerks demonstriert, und die Erziehung des Menschen dem Spieltrieb anvertraut. Denn Gleichgewichtssinn ist nichts anderes als Spieltrieb mit der Ordnung im Geiste der Freiheit, und mit der Freiheit im Namen der Ordnung.

Was wir in der Kunst die Moderne nennen, ist das Produkt der Hinfälligkeit dieser Utopie; und ist nicht minder das Festhalten an ihr inmitten der Hinfälligkeit. Exzentrisch war oder wurde der Künstler in dem Maße, als er seine Gegen-Position ehrlicherweise n u r noch als Utopie verstehen konnte; als ihm eine aus den Fugen geratene Ordnung, eine verkehrt laufende Entwicklung, die zugleich Explosion und Reduktion war, an den Rand der Dinge drückte, wo er nur noch für sich selbst zu sprechen schien. Hier mußte die marginalisierte Poesie neue ungewohnte Sprachen entwickeln, um dem Schrecken der Gewohnheit zu begegnen und das Gegengewicht, das sie zu bieten hatte, wenigstens *far out* zu markieren. Eine dieser Sprachen war die Selbstdramatisierung des Autors, immer auch: seine Selbstzerstörung. Das Korrektiv der Phantasie, das er der Entwicklung entgegenhalten konnte, wurde in den letzten zweihundert Jahren immer pointierter zur Fiktion; entsprechend und gleichsam stellvertretend schien auch die Autonomie des Fiktiven, nicht mehr seine Vermittelbarkeit, die Hauptsorge der Künstler und ihrer ebenfalls mehr und mehr spezialisierten Kultur. Sie billigt sich, mit allem objektiven Grund, immer weniger Repräsentanz zu. Und doch repräsentiert sie, bis zur Provokation, ein

Regulativ, das sich anders als einseitig, unausgewogen und unordentlich gar nicht mehr vorleben läßt; und doch fährt die Arbeit der Kunst fort, im Dienste der Ordnung zu stehen – einer andern, eigenwilligen Ordnung. Es ist nicht die Schuld der Kunst, daß das Symbolische dieser Ordnung nicht mehr, wie bei Goethe, als erschwingliche Stufe der Realität, sondern als Synonym für Realitätsverlust gelten kann; daß der Autor nicht mehr, wie sein Vorgänger, der Schamane, als Hüter der Ordnung betrachtet wird in einem System, das diesen Namen für seine Polizisten reserviert. Sein Realismus kann sich der Ausdrucksformen nicht mehr bedienen, die unsere Zivilisation für realitätsgerecht hält, weil die Lebensgefährlichkeit dieser Realität inzwischen auch der schwächsten Phantasie in die Augen springen muß, und weil diese Realität nicht einmal den wirklichen Bedürfnissen ihrer Erzeuger gerecht wird. Der Autor, dessen Arbeit den Gleichgewichtssinn bewahren möchte, hat seine Sprache absetzen müssen von derjenigen des menschlichen Verschleißes. Sie hat, bis in ihren schöpferischen Kern, brechen müssen mit Ritual und Gewohnheit, um zu dokumentieren, daß sie nicht zu den Strukturen gehört, sondern mit den Menschen fühlt.

66

Es ist lange her, daß Autoren, ohne rot zu werden, als Bekräftiger und Lobredner ihrer Systeme auftreten und ihren Zeitgenossen den Dienst der Bestätigung und Versicherung leisten konnten – sie haben es, von Aristophanes bis zum »West-östlichen Divan«, mit Leib und Seele nie, immer *with a difference* getan, die sich die Machthaber gerade noch gefallen ließen. Der Hofdichter blieb eine verkleidete Erscheinung, auch wenn der durchblickende Hofnarr das Rätsel zu lösen und für die Harmlosigkeit der Vortäuschung zu sprechen schien. Heute tritt aus der entblößten, sich selbst bloßstellenden Kunst zugleich die absolut gewordene Narretei und, wie in Giacomettis Figuren, die Zerstörung hervor, die der Zivilisierte sich selbst angetan hat. Die Kunst kann die Intaktheit ihres Gleichgewichtsorgans nur dadurch noch zeigen, daß sie jedes Zugeständnis an das Intakte verweigert. Intakt heißt unberührt: die Künstler sorgen dafür, daß wir die Defizite an Freiheit und Ordnung mit Händen greifen können. Aber berührbar ist nur das Körperliche: darin liegt ein Rest von Verheißung, die »*schwache* messianische Hoffnung« Walter Benjamins. Wer überhaupt noch Sinne hat, dem legt jeder dunkle, aber starke Vers auf die Hand, was er vermißt; nur noch in der Kunst liegt es so auf der Hand. Jeder Widerstand, den die Prosodie dem Metrum – also der Erwartungsstruktur des Gedichts – leistet; jede Zuwiderhandlung gegen die »Helden«-Rolle in einem Roman, jedes Moment überraschender Brechung in einem Handlungsablauf zeugt von einer möglichen anderen Geschichte als derjenigen, in der der Strukturelle Mensch verhaftet ist. Jede unversöhnliche Einzelheit ist eine Anstiftung zum Aufstand gegen erdrückende Rituale. Jede beglaubigte Schönheit erinnert aber auch an das Paradies und bringt es als verlorenes nah.

Der Subtext des Wilden in der Kunst ist die *andere* Ordnung; wie anderseits in jeder künstlerischen Organisation und ihrer Autonomie der Anspruch auf eine *andere* Freiheit bewahrt wird. »Kunstgenuß« ist darum kein schmerzloser Konsum; er hat mit jener Rezeption des Unvergänglichen im Vergangenen zu tun, die Benjamin als »Erinnerung« beschreibt, deren man sich bemächtigt, »wie sie im Augenblick einer Gefahr aufblitzt«. Diese Gefahr aber, vor der das Kunstwerk ebenso warnt, wie es sie für viele schon zu verkörpern scheint, ist der definitive Verlust des Glücks.

Auch die Therapie ist Befähigung zum Glück – dem Glück, in der Bewegung die Ordnung zu erleben, in der Ordnung die Bewegung zu lieben. Die Dichtung steht da, wo die Therapie hin will: auch als beschädigte *ist* sie ein Glück, obwohl sie von Glück zu reden aufgehört hat. Aber dieses Glück gelingt nur noch als vorgestelltes und zahlt dafür mit dem Nichtgelingen des Lebens, dem es entstammt. In der Therapie aber soll das Leben gelingen. Es wird nie ein Glück sein, aber die Therapie kann zum Glück befähigen, wenn sie zum Leben befähigt. Die Schritte zum eigenen Leben sind mühsam und teuer, denn wir bekommen täglich die besten Gründe geliefert, uns mit Funktionieren zu begnügen, mit dem Markieren von Anwesenheit; in den Strukturen aufzugehen und höchstens verschwiegen an ihnen zu leiden.

Kunst und Therapie haben ein Ziel: Befähigung zum eigenen Leben. Aber sie haben nicht einen Weg. Kunst – oder Literatur – ist keine Therapie, aber sie macht Mut dazu, den Weg zur Therapie im Ganzen weiterzugehen. Die Therapie ist nicht Kunst, aber sie dient der Kunst als Bürgschaft für die Verbindlichkeit, für die Gangbarkeit der lebensverändernden Phantasie. Beide arbeiten am Gleichgewichtssinn einer sich selbst bedrohenden Menschheit. Aus beiden ist die Einsicht zu schöpfen, daß Überleben erst dann keine Sorge mehr sein wird, wenn wir leben gelernt haben.

Bewegliche Ordnung – das heißt: wir leben nicht ohne Bewegung. Aber wir leben nicht für die Bewegung. Wir haben mit unserer Zivilisation ein hohes Seil beschritten. Wenn wir uns nur rennend darauf halten können, werden wir stürzen. Eine dichterische Phantasie ist nicht mehr nötig, das Ende des Seils zu sehen. Auch Standhalten ist Bewegung. Denn das Ziel des Lebens liegt nicht v o r uns.

Adolf Muschg
im Suhrkamp Verlag und Insel Verlag

Albissers Grund. Roman. Leinen und st 334
Deshima. Filmbuch. Mit Abbildungen. st 1382
Empörung durch Landschaften. Vernünftige Drohreden. st 1482
Entfernte Bekannte. Erzählungen. Leinen und st 510
Fremdkörper. Erzählungen. st 964
Gegenzauber. Roman. st 665
Goethe als Emigrant. Auf der Suche nach dem Grünen bei einem alten Dichter. st 1287
Gottfried Keller. st 617
Im Sommer des Hasen. Roman. st 263
Leib und Leben. Erzählungen. Leinen, BS 880 und st 2153
Das Licht und der Schlüssel. Erziehungsroman eines Vampirs. Leinen und st 1560
Liebesgeschichten. Leinen, BS 727 und st 164
Literatur als Therapie? Ein Exkurs über das Heilsame und das Unheilbare. es 1065
Mitgespielt. Roman. st 1083
Noch ein Wunsch. Erzählung. Leinen und st 735
Der Rote Ritter. Eine Geschichte von Parzivâl. Leinen
Die Schweiz am Ende. Am Ende die Schweiz. Erinnerungen an mein Land vor 1991. Kartoniert
Der Turmhahn und andere Liebesgeschichten. Leinen und st 1630
Ein ungetreuer Prokurist und andere Erzählungen. Großdruck. it 2326

Vorworte, Nachworte

Johann Wolfgang von Goethe: Der Mann von funfzig Jahren. Mit einem Nachwort von Adolf Muschg. it 850
Johann Wolfgang von Goethe: Wilhelm Meisters Wanderjahre oder die Entsagenden. Mit einem Nachwort von Adolf Muschg. Leinen, Leder und it 575
Goethe. Sein Leben in Bildern und Texten. Vorwort von Adolf Muschg. Herausgegeben von Christoph Michel. Gestaltet von Willy Fleckhaus. Leinen und it 1000

Zu Adolf Muschg

Adolf Muschg. Herausgegeben von Manfred Dierks. stm. st 2086

37/1/11.92

Frankfurter Poetik-Vorlesungen in der edition suhrkamp

Becker, Jurek
Warnung vor dem Schriftsteller. Drei Vorlesungen in Frankfurt. es 1601

Buch, Hans Christoph
Die Nähe und die Ferne. Bausteine zu einer Politik des kolonialen Blicks. es 1663

Dedecius, Karl
Poetik der Polen. Frankfurter Vorlesungen. es 1690

Johnson, Uwe
Begleitumstände. Frankfurter Vorlesungen. es 1019

Lenz, Hermann
Leben und Schreiben. Frankfurter Vorlesungen. es 1425

Mayer, Hans
Gelebte Literatur. Frankfurter Vorlesungen. es 1427

Meckel, Christoph
Von den Luftgeschäften der Poesie. Frankfurter Vorlesungen. es 1578

Muschg, Adolf
Literatur als Therapie? Ein Exkurs über das Heilsame und das Unheilbare. es 1065

Nizon, Paul
Am Schreiben gehen. Frankfurter Vorlesungen. es 1328

Rühmkorf, Peter
agar agar – zaurzaurim. Zur Naturgeschichte des Reims und der menschlichen Anklangsnerven. Textillustrationen vom Autor. es 1307

Sloterdijk, Peter
Zur Welt kommen – Zur Sprache kommen. Frankfurter Vorlesungen. es 1505

Walser, Martin
Selbstbewußtsein und Ironie. Frankfurter Vorlesungen. es 1090

319/1/2.92